뿌리출판사

한국의 기상나팔

김 영 호 저

뿌리출판사

차례

차례

들어가는 말

오늘날 보는 바와 같이 물질문명이 고도로 발달함에 따라 인간정신의 상실과 함께 개발이란 이름 아래 신성한 자연을 초토화시키는 공해로 인해 발생하는 무서운 질병과 지능적으로 늘어가는 악랄한 범죄와 겉으로는 평화란 그럴듯한 명목으로 약소국을 털도 뜯지 않고, 수단과 방법을 가리지 않고, 산 채로 집어 삼키는 전쟁은 피와 살을 태우는 살인기계들의 광기에 찬 온갖 잔인한 만행들이 갖가지 부작용을 잉태시키면서 인간의 삶을 끊임없이 위협하고 있다.

그래서 본인은 정의와 평화를 사랑하는 모든 사람들에게 때와 장소를 가리지 않고, 우리들의 삶을 잔인한 지옥처럼 둘러싸고 있는 삶의 가치들이 더이상 기만을 당하지 않도록 하기 위해 다소나마 각성을 촉구하는 의미에서 낡은 전통에 대한 부정과 우둔한 역사의식을 깨뜨리고, 새 시대를 향한 혁신적인 삶의 길을 모색해 보기 위해 모든 사물의 이치 즉, 순수하고 정당한 것과 옳고, 그름을 냉철하게 판단할 수 있는 이성의 눈에 귀를 기울일수 있도록 힘을 모아 이 책에 적어본다.

그러니까 예술이나 철학을 비롯한 모든 학문이 그러하듯이 시의 목적은 무엇보다도 찬란한 태양이 대, 소미물에 이르기까지 온 누리를 적나라하게 비춰주는 것처럼 현실에 밀어닥친 시대적 정신을 파악하여 이념을 전달하는 것는 곧 시인의 정신에 의해 매개되어 감수성이 약하고, 창조성이 부족한 나머지 무기력한 헛된 갈망이나 권태 속에서 허우적거리며 살아가는 사람들에게 생명의 빛을 전달해 주기 위한 것으로 인간정신에 입각하여 한자 한 획도 더 보태거나 빼지도 말고, 옳고, 그름을 명확하게 구분하여 전달해 주는 막중한 사명을 가지고 있기 때문에 참된 시의 기능은 언제나 의지의 진정제로서 인간이 살아가는데 있어서 고귀하리 만치 진실을 말해주는 꽃 중의 꽃과도 같이 오욕과 기만으로 얼룩진 더러운 세상을 씻고, 닦아주는 걸레가 되어야 한다는 것이다.

다시 부연해 말하자면 우리는 단지 삶이란 막연한 욕망에 집착한 나머지 그냥 맹목적으로 먹고, 싸고, 마시면서 성질이 나면 서로 치고, 받으면서 살아가는 동물적인 만족 보다는 기왕지사 사람으로 태어난 이상 사람이기 때문에 사람이 사람답게 살기 위해서는 삶을 외상으로 주신 창조주의 은혜에 보답을 하는 것이 인간의 바른 도리가 된다고 할지라도, 그것이 비록 하늘에서 들려오는 신의 계시나 성인이나 학자들의 말이 옳다고 할지라도 그런 빛좋은 것들이 한 점이라도 인간의 정신을 기만하고, 마음의 상처를 주는데 쓰여지거나 약한 나라들을 통째로 집어삼키기 위해 호시탐탐 기회를 노리는 기회주의자들의 조종을 받아 움직이는 후진국의 첩자들이 권좌에 올라앉아 수단과 방법을 가리지 않고, 자국민을 착취하기 위해 갖가지 기만술로 얼룩진 악행을 저지르며 약자의 가슴에 한을 심어주는 것과 신의 이름으로 사랑과 헌신을 외치면서 자신들의 왕국을 건설하기 위해 극락이나 천국을 들먹이며 신도들의 재물을 빼앗아 가는 종교인들과 혹은 어떤 형태의 조직이나 부유한 자들의 권위 따위에 의해 묘하게 눈속임하여 약자에게 경각심을 심어줘 자신들을 존중하게 만드는 이런 종류의 애매하고 사악하기 짝이 없는 궤변들은 인간의 삶에 대한 가혹한 조롱거리로 옛날의 왕정시대에나 통했던 일이지 깨일대로 깨인 현시대에서는 더 이상 필요치 않다는 것이다.

다시 말해 이미 우리는 식민과 분단의 질곡 속에서 사무쳤던 통한이 얽힌 역사적 사실들이 증언해주고 있는 바와 같이 자손들이 점령국의 속국 신세로 전락하게 돼 자신들이 처해진 시대의 고난을 바라다 볼 수 있는 이성이 결여되어 있지 않는 한 이 나라가 잘못된 오류로 얼룩진 나머지 아직도 고지식한 불신의 향기를 내면서 우둔과 악의적 모순들이 잠재되어 있다는 것을 쉽게 알 수 있고,

그런 사건들이 발생했을 때는 그냥 맹목적으로 원수를 사랑하고 바보같이 맞아주며 순종하는 잘못된 편견을 버리고, 즉시 그에 저항하고 가해자에 항의를 함으로써 잘못된 것들엔 반기를 들고 부연히 일어서 그들에게 빼앗긴 주권을 되찾아 인류의 영원한 목표인 미적 가치 즉, 사람이 사람답게 살 수 있는 이데아의 세계를 추구하는데 앞장서야 한다는 것이다.

이런 의미에서 볼 때 진정한 시인이란 언제나 시대와 장소를 불문하고, 세상을 바꿔 놓을 수 있는 눈과 귀를 가진 참신한 사람으로 세상을 어지럽히는 불순분자들이 인간의 순수한 영혼을 마비시키기 위해 그대의 뇌수에 비수를 꽂아놓고, 탐욕으로 얼룩진 기만의 그물을 칠 때 그것을 제거해주는 양심의 총탄과도 같은 것이므로 진정한 시인은 언제나 칼날같은 저항정신으로 거짓된 위선과 욕심으로 얼룩진 위정자들의 부정한 착취 속에서 울부짖으며 죽지 못해 살아가는 서민층에 대한 동정과 민족의 시련이자 아픔을 함께 나누기 위해 고통받는 국민들의 현실을 통찰력있게 똑바로 바라보는 시대정신을 취하게 됨으로써 무지의 욕망 속에 잠들어있는 온갖 탐욕과 기만은 버리고 사회의 모순과 부조리와 부패를 없애야 하겠으며, 신을 향해 비대발괄하는 종교적 우상을 버리고, 허무한 천국과 극락과 지옥을 없애고, 자기의 에고를 죽이고, 독재자의 그릇된 만행을 무기력하게 만들어주는 원동력이 됨으로써 위대한 역사를 창조할 수 있게끔 미래를 밝혀주는 막중한 역할을 하기 때문에 진정한 시인은 언제나 시대의 좋고 나쁨을 초월해서 비록 죽음의 칼날이 눈앞에 번쩍일지라도 조금도 두려워하지 않는 강인한 정신으로 직관적인 태도를 견지한채 눈에 보이고 느끼는대로 바른말로 질타하게 됨으로써 이해력이 부족한 나머지 착각 속에 빠져서 갈피를 잡지 못하는 민중들의 정신을 일깨워 줌으로써 내적인 생명력을 보유할 수 있는 이념을 전달해 주는 역할을 하게 되는 것이다.

그래서 정치인이나 관료를 비롯한 사대주의 사상에 눈이 먼 나머지 호시탐탐 노리는 외세의 힘을 빌려 부귀영화를 노리는 자들의 손아귀에 놀아나는 위정자들이나 그 밖에 쥐구멍에 고개를 내밀고, 뭐라도 좀 먹을것이 없나 하고, 수서양단하는 기회주의적 성향을 지닌 교조주의자들이나 사람을 초개처럼 죽이는 영웅호걸들은 이런 사태에 직면하게 되면 자신들의 부적당한 입지에 위험을 느낀 나머지 시인이 제발 입을 좀 다물어 주기를 바라면서 뇌물이나 관직을 줄 테니 서로 좋은 게 좋다고, 달콤한 말로 비대발괄을 하게 되는 이유가 바로 이런 연유에서 비롯되는 것이다.

하지만 진정 정의와 양심을 갖춘 시인이라면 그들의 횡폭한 만행이나 사기적 수법에 절대로 타협하는 어리석음은 범하지 않고, 세상의 모든 욕망과 아귀다툼 속에서도 자신의 영혼이 스러지는 아픔을 겪는 한이 있을지라도 초지일관 변함없이 조금도 굴하지 않는 강인한 정신으로 옳고, 그름을 숨김없이 명확하게 가려내어 고발함으로써 민족의 시련과 아픔을 평화롭게 감싸주는 노래의 사수가 되어 그것을 읽는 독자로 하여금 한시대의 밝아오는 여명과도 같이 맑고, 깨끗한 양심으로 닦아낸 영혼의 거울이 되기 때문에 이 모든 것들이 시인의 눈으로 보면 빛이 되고, 귀로 들으면 노래가 되고, 조국의 미래가 보이는 교훈이 되기 때문에 동서고금을 막론하고, 옳고 그름을 정확하게 판단해서 시를 쓰게 되는 것은 결코 거짓일 수가 없으며, 그것은 또한 세월이 흘러도 소멸해 버리는 것도 아닌 인간의 본능 그 자체이기 때문에 모든 시대의 정신을 타락시키는 소행을가진 욕심 많은 왕조나 탐학을 일삼는 양반을 비롯한 권력자나 종교인들은 언제나 변함없이 바른말로 진지하게 질타를 가하면 경고하는 시인들을 잡아들여 국가와 민족을 배반한 반역이나 적색문자로 찍어 하늘의 뜻을 배반한 이단으로 몰아 처형을 시키는 천인공노할 만행을 저지르게 되는 것이다. 하지만 아무리 그렇게 발악을 해도 정의와 양심을 향해 돌진하는 시인의 입만은 막을 수가 없었던 것이다.

그렇다고 시인이 결코 없는 것을 가지고, 말재주를 부리기 위해 모순을 비모순으로 그럴듯하게 합리화시키거나 허무맹랑하기 짝이 없는 공허한 의설을 추구하기 위해 끝없는 허공을 헤매면서 꾸며대는 언어의 연금술사는 아니라는 것이다. 다만 한가지 예외가 있다면 시인은 항상 각적을 부는 파수꾼이나 딱따기를 치는 야경꾼처럼 혹은 용마루 위에서 여명을 알리는 수탉처럼, 기상나팔을 부는 나팔수처럼 장차 일어날 일들에 대비하고 있기 때문에 시인은 언제나 현실을 똑바로 인식하고, 형언할 수 없는 인간의 고통과 비애, 탐욕스런 악인의 횡포, 빈곤한 자들의 절망적인 파멸과 함께 주어지는 쓰디쓴 냉대 등 그밖에도 우리가 알지 못하고 있는 온갖 만행들이 얽혀있는 비리들을 정확하게 가려내어 하나라도 더 보태거나 빼지도 말고, 자기 양심에 따라 정의의 소리를 드높여야 한다는 것이다.

하지만 대개의 시인들은 시가 마치도 하늘에서 특별히 선택받은 사람에게만 들려오는 하느님의 음성이라도 되는양 경직되고, 편협한 종교적 교리에 사로잡힌 나머지 공허한 망상의 영역에 도달하기 위해 안간힘을 쓰면서 그럴듯하게 꾸며대는 것은 앵무새나 개, 소, 돼지나 철모르는 어린 아이들처럼 열등하고, 우둔한 민족들에게나 어울릴 일이지 성숙한 문명 속에서 살아가는 현대 교양인에게는 도저히 맞지 않는 일이라는 것이다.

왜냐하면 시란 어떠한 경우에도 우리들이 인식할 수 있는 현존하는 삶을 구체적으로 해석하고, 직관되는 이념에 의해 만들어지는 경험의 대상이기 때문에 시가 만약 아무리 좋은 것이라 할지라도 인간의 그림자가 아니고, 현실과 동떨어진 허풍과 궤변으로 이루어진 망상으로 흐르게 된다면 그것은 마치도 뿌리없는 나무처럼 그것을 읽는 독자들로 하여금 공감을 불러 일으키지 못하게 됨으로써 시인은 어떤 특정한 집단이나 사적인 명예에 집착한 나머지 시대적 조류에 편승하여 자신이 무슨 위대한 예언가라도 되는 것처럼 아름다운 거짓말로 종말을 운운하거나 특별한 구도자라도 되는듯이 고귀하고, 거룩한 흉내를 내면서 경건한 속임수나 기만된 형상으로 인간의 참다운 영혼을 마비시키는 어리석은 망상들로 바람난 처녀처럼 떠돌아다니며 수다를 떠는 것을 시라고 착각하는 작업에 눈곱만큼이라도 동참해서는 안된다는 것이다.

물론 시를 쓰는 사람이 자신의 처해진 인생관이나 세계관에 따라서 개인적인 감정이나 이해타산에 눈이 어두운 나머지 자신들이 처해진 환경에 따른 인생관을 표출하는 것은 어디까지나 시를 쓰는 사람의 자유이기 때문에 누가 옆에서 이래라 저래라 하고 간섭할 권리는 없다고 할지라도 시가 만약 시대의 발등에 떨어진 현실과의 타협을 거부하고, 무슨 암호풀이를 하듯이 자기혼자만 아는 괴상한 문자를 써가며 괴리된 방향으로 흐르게 된다면 그것을 읽는 독자들로 하여금 공감을 불러일으키지 못하게 됨으로써 모든 활기와 생명력의 상실을 가져오게 되므로 사물을 인식하고, 지각하고, 파악하는 이해력이 부족한 불멸의 바보로 타락하여 다만 욕심과 질투, 시기, 모순이나 그밖에 비열성, 간계를 비롯한 게으름, 방종, 허례허식 등에 이르게 됨으로써 인간의 내면 속에 그렇게도 제어할 수가 없을 정도로 강렬하게 솟구쳤던 순수한 삶의 가치들이 힘을 잃고 사라져 버림과 동시에 요행이나 바라는 인간으로 타락하여 뺏고, 빼앗는 우리의 역사를 통해서 흔히 본 것처럼 백성들은 굶주림에 지친 나머지 기아에 허덕이게 되고, 탐욕의 광기로 가득찬 돈 많은 갑부들은 잔칫상에는 꽃이 있어야 술맛이 난다고, 한잔 술에 얼큰히 취해 여자들을 부둥켜 안고, 해괴한 춤을 즐기거나 절에서 승무를 추는 것이 무슨 큰 자랑거리라도 되는양 조잡하고, 고의적인 상투어로 몇자 적어놓은 갑부들이나 권력자들의 향락적인 기교시를 비롯한 돈많은 기업의 후세들이 직원의 고혈을 쥐어짜서 착취한 막대한 재물을 사금고에다 가득히 쌓아놓고, 청빈한 체 해가며 자신들의 한가한 생활을 읊는 위선에 가득찬 저질적인 허풍이나 편파적인 궤변들이 낮은 차원의 입장에서 생각해 볼 때는 그럴듯하게 보이지만 실지로 그 속을 들여다보면 진실은 언제나 감추어진 채 이루 다 형용할 수가 없을 정도로 빈껍데기에 지나지 않는 허망하고 야비하기 짝이 없는 무익한 오류와 이기심, 증오를 비롯한 경솔하거나 우둔하고 교활하여 크고 작은 오류들이 서로 모여져 이미 지나간 오류들이 다시 등장하므로 사회를 음탕한 소굴처럼 부조리의 도가니 속으로 휘몰아넣고 있는 것을 볼 때 만약 재물이나 여자에 눈이 먼 사람들이 자신들이 처해진 시대정신을 망각하고, 자신들의 인간답지 못한 행위를 묘하게 합리화시킨 그런 수준이 낮은 감각적 찌꺼기들은 민중들의 삶의 가치관에 혼란을 가져와 세상을 삐뚤어지게 보는 역사의식을 갖게 됨으로써 인간의 고통을 평화롭게 감싸주고, 정의와 양심을 외치는 시에 대한 모독이라고밖에 달리 보아줄 도리가 없게 되는 것이 바로 이런 뜻에서 기인하는 것이다.

그러니까 그 대상이 속마음은 독을 품고있는 전갈처럼 상종하지 못할 만큼 진저리날 정도로 역사에 죄를 저지른 관리들이나 나라의 광복을 찾으려는 독립군을 처단한 친일 앞잡이임에도 불구하고, 자신들의 파당에 속한다 해서 역사의식을 결여한 채 정의와 양심을 저버리고, 그럴듯하게 정당화시켜주는 것이나 사적인 이익과 명예를 위해 권력에 빌붙어 곡학아세하는 모순된 행위를 비모순처럼 미사여구로 합리화시켜 나가면서 위대함을 자처하는 것은 싸구려 시인들에게는 어떠한 시적인 진리도 필요치 않으며 오직 사사로운 목적을 탐색하는 명예욕만이 유일하게 작용함으로써 이미 국민의 목소리이기를 저버린 죄인들로서 당연히 역사의 재판을 받고, 그 죄과에 따라 책임을 지든가 혹은 지옥의 쓰레기통에 모두 던져버려도 시원치 않을 궤변가들이라고 선언을 하게 되는 까닭은 시란 것은 무엇보다도 상하고하 빈부귀천을 막론하고 누구나가 모두 쉽게 접할수 있도록 평등하게 비춰져야 하는 영혼의 거울이 되기 때문이다.

그러니까 나라가 혼란하고, 국민이 도탄에 빠져 허덕일 때 그것을 의식하고 옳고, 그름을 똑바로 가릴 수 있는 인간이라면 누구나를 막론하고, 내적인 저항감을 느끼게 되는 것은 거기에는 언제나 시라고 하는 인간본능의 욕구가 자연적으로 나타나게 되는 것은 만물의 영장이라 일컫는 인간만이 가질 수 있는 특권 중의 특권으로서 시인된 자로서의 과제는 어디까지나 그런 나락의 길로 빠지지 않게끔 하기 위해 반드시 거치고, 나가야 할 과정이 있다는 것이다.

그것은 무엇보다 거칠고, 험악하기 짝이 없는 인간사회의 혼탁한 갈등속에서 현실의 고통을 외면하고, 수도란 명목으로 산속으로 회피하는 스님들이나 맹목적인 종교적 환상에 사로잡힌 목사들이나 신부들처럼 오만한 마음으로 자신들이 마치도 하늘의 명을 받고 내려온 사람처럼 거룩한 흉내를 내면서 천당이나 극락의 수문장이라도 되는양 허무맹랑한 환상의 세계를 들먹이며 재물을 뜯어내는 것이나 차별을 사랑으로, 살인자를 성자나 선각자로, 친일파나 반역자가 마치도 애국자처럼, 사사로운 목적이나 명예를 얻기 위해 갖가지 미사여구로 시를 지어 사람들의 텅빈 머리 속에 억지로 밀어넣는 것은, 마치도 구덩이를 파놓고 장님을 인도하여 흙으로 덮어버리는 것이나 다름이 없기 때문에 결국은 사람들의 모든 두뇌조직이 파괴되어 활기찬 삶의 가치관에 치명적인 혼란을 가져오게 되는 것은 마치도 꿈에 나타나는 귀신이나 도깨비 불이라도 보는 것처럼 우리들의 삶을 파괴하는 악마의 장난이나 다름이 없기 때문에 그런 것들을 제거하지 않으면 현재의 고통은 미래의 고통으로 끊임없이 이어져 뒤에 오는 사람들의 귀를 먹게 하고, 눈을 멀게함으로써 세계에서 보기 드물 정도의 열등한 국민으로 타락하게 됨으로써 결국은 나라가 망하는 근본 원인이 되었다 해도 지나친 판단은 아니라는 것이다.

그래서 진정한 시인은 비록 자신의 영혼이 아픔을 겪을지라도 지배자들의 횡포를 두눈 크게 뜨고 지켜보고, 백성들을 착취하는 관리들의 탐욕때문에 헐벗고 굶주린 백성들의 아비규환으로 동냥하는 걸인들의 문전걸식 속에서 강대국들의 눈속임으로 터무니없는 극락이나 천국을 들먹이며 허공에 성채를 지으려고, 발광하는 종교인들의 허무맹랑한 망상을 버리고, 당신의 얼룩진 외투 속에 감춰진 욕된 마음 속에서, 북녘의 독재자에게 짓밟힌 인권착취 속에서, 바른 말을 하다가 잘못 걸리면 허허벌판으로 끌려가 기관총으로 난사당하는 시대의 아픔 속에서, 고난받는 삶의 현실 속에서 거짓과 위선과 기만을 벗어던지고 발가벗은 상태로 보고 듣고 느끼는대로 옳고 그름을 정확하게 가려내어 미래의 역사를 창조할 수 있게 활력소를 불어넣어 줌으로써 거대한 역사의 물줄기를 돌려놓게 되는 경지에 이르게 되는 것이다.

그렇다고 해서 시가 마치도 하늘에서 들려오는 기상천외한 영감처럼 허풍을 떨거나 점쟁이처럼 사주풀이를 하거나 그밖에도 현실과는 전혀 동떨어진 공허한 세계를 미화시켜 말하는 것은 우리들의 순수한 사고에 치명적인 타격을 주게 됨으로써 그런 것들은 참된 의미에서의 시라고, 볼 수가 없는 것이다.

왜냐하면 시란 어디까지나 인간들이 생활하는 삶 속에 내재한 시비애락에 얽힌 고충을 대변해주는 것인만큼 시는 바로 당신의 일상생활 속에 무수히 깔려 있다는 것이다. 그러니까 부언하면 어린이들의 놀이 속에서, 밥 달라고 우는 백성들을 무시하고, 괴롭히는 호랑이 보다도 더 무서운 위정자의 목구멍 속에서, 천국이나 극락을 보내주겠다고 돈을 뜯어내는 종교인들의 허황된 거짓말 속에서, 왕도정치의 경제적 침탈 속에서, 아비를 원망하는 에밀레종소리에서, 공양미 삼백석에 팔려가 인당수에 몸을던진 심청의 애달픈 사연 속에서, 헐벗고 굶주리다 못해 보릿고개 삼년에 북망산천을 넘어가는 빈민들의 고통 속에서, 작년에 왔던 각설이 타령을 연주하는 걸인들의 동냥 속에서, 배가 고픈 나머지 자신이 낳은 아기가 닭으로 보이는 바람에 잡아먹었던 여인의 실성함에서, 나물 캐는 처녀들의 꽃바구니 속에 일본놈들에게 끌려간 종군위안부들에서, 메커니즘이라는 반공의 광기가 한국 전역을 휩쓸었던 반공이데올로기 속에서, 팔에 이두박근과 삼두박근 올록볼록 튀어나온 깡패들이 정권의 비호 아래 애국 단체로 둔갑돼 무소불위의 주먹을 휘둘렀던 무법천지의 혼란 속에서, 양처럼 순해빠진 나머지 우가 뭐고 좌가 뭔지도 모르고 잘 살게 만들어 준다는 말에 속아 아무 것도 모르고 도장을 찍은 죄로 빨갱이나 반동으로 몰려 억울하게 죽음을 당한 민중들 속에서, 제대로 입지도 못하고 먹지도 못한 채 굶어죽고

얼어죽은(국민방위군) 영령들의 행렬 속에서, 6·25동란에 배가 고파 환장한 나머지 미군이 지나가면 "기브 미 초콜릿"을 외치며 손을 벌리던 아이들과 달러를 벌기 위해 미군이 지나가면 "아이 러브 유"를 외치며 자기 몸을 사달라고 애원했던 양공주들을 부대로 납치해 윤간한 뒤 머리를 깎아버린 미군들의 만행 속에서, 나무꾼이 아무런 잘못도 없이 접근금지구역에 들어가 나무를 한다는 이유로 미군에게 살해당한 것과 파주에서 미군들이 한국인 소녀를 도둑으로 몰아 형을 가해서 죽게 만들었던 가슴 아픈 슬픔 속에서, 이름도 없고 존재도 없으니 살려둘 필요가 없기 때문에 독재정권의 희생물이 되어야 했던 실미도 요원들의 억울한 죽음 속에서, 권력자나 종교인들을 비롯한 부자들의 썩은 장기를 바꾸기 위해 조폭들과 짜고 선량한 사람들을 납치해 장기를 꺼내어 팔아먹는 의사들의 비인도적인 만행 속에서, 북한의 민중들이 헐벗고 굶주려 포학한 김씨 세도정권의 학정에 못이겨 살 길을 찾아 중국을 통해 제삼국으로 망명하는 삶의 험난한 행로 속에서, 어서 와서 우리들의 한을 좀 풀어달라고 손짓을 하며 애원을 하고 있음에도 당신은 마치 노루가 자신의 배꼽 밑에 사향주머니가 달려 있는데도 그런 느낌을 조금도 알아차리지 못한채 그 냄새가 어디서 나는 것인지도 몰라 그것을 찾기 위해 숲 속을 헤매며 방황하듯 신적인 광기에 사로잡힌 영감에 의해 얻어지는 것처럼 착각을 하면서 고통받는 현실의 시대적 정신을 외면하고 허공을 헤매고 있다는 것이다. 하지만 거기에는 시가 티끌만큼도 있을 턱이 없다. 설사 있는 것처럼 꾸몄다 할지라도 그것은 마치도 뜬구름 잡는 것과 같이 허망한 말장난으로 사람들의 눈과 귀를 어지럽히고 있을 뿐이다.

시인이 이렇게 쓰라린 고통 속에서도 사랑과 향수, 결의와 인내를 가지고 꾸준히 마음을 갈고 닦으면서 하늘의 뜻을 거역하지 않는 맑고 깨끗한 정신으로 사람의 도리대로 행하다 보면 시인의 내면은 자신도 모르는 사이에 정의와 양심에 얽히고설킨 아름다운 선율로 가득찬 나머지 산들바람을 타고 맑은 창공을 자유로이 넘나들며 평화롭게 노래를 부르는 종달새와 같이 생명의 율동은 맑은 호수처럼 자연스럽게 만사가 순조롭게 진행되어 시대의 본질을 꿰뚫어보는 혜안이 번개와 같이 빠른 속도로 시인의 눈앞을 스치고 지나감에 따라 사람들을 괴롭히는 불행한 고통들은 이내 삶의 기쁨과 행복의 언어로 탈바꿈됨으로써 참된 시는 언제나 사악함이 없는데다 귀를 맑게 하여 우리의 삶에 새로운 활력소를 제공해 주는데 비해, 현실을 외면한 천국이나 극락이나 지옥을 운운하며 독재자를 찬양하는 시들은 한결같이 사람의 마음을 뜬구름 잡는 것처럼 허황된 꿈을 꾸게 만드는 것이다.

그러나 오늘날 보는 바와 같이 동서고금의 많은 시인들은 이런 시에 대한 본래의 사명을 망각한 채 한 인간의 우상화를 위해 권력이나 부자나 종교의 노리개로 굴러 떨어지는 경우가 허다함을 엿볼 수가 있는 것이다. 왜냐하면 그들은 하나같이 왕처럼 군림하는 독재자나 종교적인 카리스마의 권위에 현혹되어 진리보다는 물질과 명예와 권력과 감투를 더 우선시하게 되는 탐욕의 동물에 지나지 않기 때문이다.

그렇게 되면 평화의 사랑과 정의에 인정이 인권보다 일신의 영달을 위해 인간의 참된 도리를 망각하고, 순수한 인간정신이 권력이나 종교의 노리개로 전락되어 창살에 갇힌 죄수처럼 자신의 정신을 쇠사슬로 얽어매어놓는 꼴이 되어 인간세상에 죄악의 씨를 뿌리는 것이나 다름없는 죄를 범하게 되는 것이다.

이런 일들은 흔히 공산주의를 지향하는 정치사회나 독재정치를 하는 빈곤한 나라들이나 아직까지도 민주정신을 결여한 나머지 왕당정치를 하고 있는 북한과 이슬람 국가들이나 자신들의 제국주의 정책을 합리화 시키려는 일부 백인들의 국가에서 흔히 나타나고 있는 현상이다. 그리고 여기에 덧붙여 한국의 시문학 작품들을 대략 고찰해 볼 때 양적으로나 질적으로 만족할 만한 수준이라고 볼 수가 없다. 왜냐하면 오천년의 전통을 자랑하는 역사 속에서 자신들이 처해진 시대적 환경에서 백성들의 삶에 도움을 주고, 민족의 장래를 위해 계몽정신을 발휘했거나 왕이나 양반통치자들을 비롯한 독재자들의 학정 속에서 핍박을 받으며 허덕이는 민중들의 고통을 헤아리고, 양심선언을 한 저항시는 손가락을 하나 둘 꼽을 정도로 빈약하기 이를 데가 없으며, 천편일률적으로 유교 이념을 곁들인 감정을 담아낸 궤변들이 주류가 되고 있어서 부녀자들을 겁탈하고, 백성은 착취당하여, 이에 불행 속에 빠진 백성들을 이런 왕이나 관리들과 탐욕에 눈이 먼 양반들을 오욕으로 얼룩진 비리를 온갖 거짓말을 동원하여 시인들이 찬사를 했으며, 국민의 인권과 자유를 압살한 졸렬한 독재자들이나 민중의 피땀으로 재물를 쌓은 자본가와 탐욕의 노린내가 코를 찌르는 종교인들이 마치도 민족의 장래를 위해 무슨 큰 공헌이라도 한 것처럼 기가 막힐 정도로 신성에 가깝도록 위대한 선각자나 영웅으로 둔갑시켜 추앙받고 있다는 것과 부처나 예수를 비롯한 공자같은 사람을 갖가지 미사여구를 동원하여 찬양을 하는 것은 시인으로서의 양심과 역사의식을 망각한 몰지각한 무지의 소치라는 것과 그렇지 않으면 쌓이고 쌓인 중국에 대한 사대주의 고질병을 한치도 치유하지 못한채 자신들이 추구한 자주적인 문학적 형태는 하나도 찾아 볼 수가 없고, 모든 시문학들이나 정치제도를 비롯한 각종 건축 예술이나 철학 등 그밖에도 여러 방면에 걸쳐 중국문화와 서구문명을 모방해서 자신들의 작품처럼 짜깁기를 해놓은 흔적을 지우지 못한 채 천편일률적으로 처음부터 끝까지 표절, 흉내, 번안에 영향을 받은 것이라 핑계를 대면서 다른 문화를 맹목적으로 모방한 나머지 마치도 앞의 개가 달을 보고 짖어대면 뒤에 따라오는 개도 앞의 개가 왜 그렇게 짖어대는지 그 뜻도 제대로 모르면서 덩달아 짖어대는 것처럼 사대주의를 수박 겉핥기 식으로 우려러 보면서 자신들의 명분을 내세우는 것은 마치도 구더기가 똥물을 마시면서 맑은 물을 마시는 것처럼 착각을 하고 있는 것과 조금도 다를 바가 없다는 것이다.

예를 들어 몇가지만 더 거론해 본다면 세종이 지었다는 용비어천가나 월인천강지곡에서 보는 바와 같이 비록 문장이 백성들을 기만하기 위해 화려한 미사여구로 쓰여졌을지라도 주변국의 왕이나 시조신화 등을 모방하여 사사로운 왕조의 욕망을 온갖 신화적 감정을 동원하여 그럴듯하게 표현하였다는 것과 그밖에도 세종의 많은 저작들이라고 내세우는 것이 독창적인 면들이 많지 않고, 유교경전이나 고전에서 가져다 표현을 하였다는 것과 김시습의 금오신화나 김만중의 구운몽을 비롯한 김삿갓의 시들은 자신들이 지어낸 창작품이 아니고, 거의가 이웃나라의 고전에서 따와 사용한 것을 비롯하여 오늘날 한국사회에서 보는 바와 같이 조선 최초의 신소설이라고 예찬했던 친일파 이인직의 혈의 누는 일제가 조선침략정책을 눈 가리고 아웅 하는 식으로 일제의 식민지배를 합리화시킨 것과 친일파 시인인 인도의 타고르가 지었다는 동방의 등불이란 시는 원래 일제가 러일전쟁에서 승리한 것을 찬미한 것임에도 그것이 마치도 한국을 위해 시를 지은 것처럼 검증되지 않은 짝사랑으로 미화시켰다는 것과 아울러 실학이라는 용어는 실제로 있었던 것이 아니고, 1930년대 민족주의 사관에 물든 사학자들에 의해 고의로 만들어진 가짜라는 설이 그것이다. 더욱이 한심스럽게 생각되는 것은 타고르의 시를 표절한 불교시인 한용운은 조강지처와 자식을 버리고, 재혼을 하였던 것과 관련해서 스님들의 결혼론을 내세웠다는 것은 아무래도 승려로서의 자격을 상실한 비도덕적 행위로서 문제가 있다는 것도 그렇거니와 그가 쓴 '님의 침묵' 이란 시 속에 담긴 내용을 전반적으로 고찰해 볼 때 그것은 나라를 잃은 한민족의 아픔을 노래한 조국의 님이 아니고, 불교의 석가모니를 예찬한 것일수도 있음에도 귀에 걸면 귀걸이 코에 걸면 코걸이 식으로 허망한 궤변에 지나지 않는다는 것이고 윤동주의 시에는 일제에 대한 반항적이라 할만한 애국적인 시가 없는데 어찌해서 그를 저항적인 애국시인으로 부르며 또한 서정주의 '국화 옆에서' 란 시에서 보는 바와 같이 자기민족을 무시하고, 일왕을 찬미한 것 등을 비롯하여 가미카제 특공대를 찬양했던 것과 더불어 모윤숙이나 노천명을 비롯한 그밖에도 많은 친일파 시인들이 해방 후에는 비록 썩기는 했어도 준치는 된다고 얻을 것이 많기 때문에 정권의 선봉대가 되어 미국을 찬양한 이승만 박사나 만주의 간도특설대에서 독립군들을 잡아서 기둥에 묶어놓고, 총검술로 군도로 목베기 시범을 보이거나 심지어 콧구멍에 담배를 꽂기도 했으며, 나물 캐는 여자들을 잡아다가 겁탈을 한 후 일본군 생체실험용으로 제공을 한 친일파들과 한일합방밀약에서 보는 바와 같이 일본으로부터 이거나 먹고, 군소리 말라는 식으로 한일합방에대해 눈감아 달라는 입막음으로 6천5백만 딸러나 되는 돈을 받아서 사용한 친일파 스네이크 박과 김종필를 비롯한 그 밑의 졸개들은 그들이 비록 대한민국의 근대화와 산업화의 상징은 될지라도 그 과오가 매우 크며, 이후 민주주의를 압살한 살인마 전두환과 노태우 같은 사람들과 권력과 짜고, 밀수해 치부한 대기업 자본가들을 찬양했음에도 어찌된 탓인지 이런 기회주의적이고 천박하기 이를데 없는 독재정권의 나팔수에 지나지 않는 허풍선이 협잡꾼들을 민족 최대의 위대한 인물이라고 시인들은 외쳐왔고, 그 반향은 지금도 역시 국민문학으로 한국 전체에 자리매김함으로써 진실과 거짓이 뒤바뀌는 현상이 일어나고 있는가 하면 일제 치하에서 시대의 이름으로 목숨을 걸고, 투옥과 고문에 견디다 못해 초개와 같이 목숨을 내던진 한두명의 시인들과는 달리 개인의 영달과 출세를 위해 누가 일제를 더 잘 찬양하는지 내기라도 하는 양 일제에 대한 추종을 순수란 낱말로 포장해 낭만주의다 상징주의다 사실주의다 뭐다 하고 떠들어대면서 은근히 추파를 던지면서 조국을 배척했던 이상이나 김동인과 같은 문학적 사상들은 사실상 자신들이 처해진 시대적 환경에 따른 토대 위에 다져진 역사적 필연성에 의해 생겨난 자의식의 각성에 기초한 창조적 산물이 아니고, 단순히 일본을 거쳐 이 땅에 들어온 서구사조의 모방적 편향에서 비롯된 것임을 고찰해 볼 때 그들은 어떤 시가 역사의식을 죽이고 어떤 시가 역사를 창조하고 훌륭한 국민으로 이끌어 나가는지에 대해 좋고 나쁜지를 구별조차 못할 정도로 시의 본질에 대해 이해력이 부족한 것이다.

여기에 뒤질세라 더욱 한심스러운 것은 시가 이데올로기의 시녀가 되어 버린 나머지 6·25의 침략전쟁을 일으켜 수많은 동포들을 살해했고, 북한 국민들을 굶겨 죽인 독재자 김일성과 그의 아들 김정일을 인류의 태양이라고 그들의 비위를 맞추기 위해 아첨을 하는 그런 허위로 둘러싸인 엉터리 허풍선이 궤변가들은 웃지 못할 시를 들고 다니며 어리석은 사람들의 텅빈 머리 속에 강제로 쑤셔넣어 암기하도록 하여 위대함을 자처하는 것을 볼라치면 기가 차서 말문이 막힐 지경이다.

이상에서 살펴본 바와 같이 이렇게 불합리하고, 무미건조하기 짝이 없는 아집에 얽힌 거짓된 상투어로 얼룩진 궤변을 어리석은 사람들의 머리 속에 강제로 주입시키려고, 발광하게 만드는 것은 마치도 개를 훈련시켜 사람을 물게 하는 것과 마찬가지로 원숭이를 훈련시켜 사람의 행동을 흉내내게 만드는 것이나 앵무새를 훈련시켜 사람의 말을 흉내내게 만들어놓고 조롱하는 것과도 비견될 수가 있을 정도로 시의 본질을 과도하게 훼손시킨 나머지 비열하고, 경직된 감정들이 혼연일체되어 민중들의 의식수준을 장님이 코끼리를 만지는 것처럼 저질적으로 타락시켜 놓았기 때문에 그러한 허위와 오류로 얼룩진 시들은 아무런 장애를 받지 않고, 국민들의 정신 속으로 파고들어가 자리잡고 틀어앉아 주인행세를 하는 바람에 오늘날 보는 바와 같이 사람의 탈을 쓴 사람이 이런 것을 보고도 외면하거나 합리적인 방법을 동원하여 그럴듯하게 정당화시켜 시를 짓는 것은 국민으로서의 인간이 아니라 인간의 탈을 쓴 동물에 지나지 않기 때문에 결국은 모든 사람들의 건전한 삶의 가치관에 혼란을 가져오게 함으로써 우리들의 시대적인 역사창조의 진로를 방해하고, 국민들의 의식수준을 배만 부르면 말을 잘 듣고, 잘 짖어대는 개나 돼지나 주인의 채찍을 맞아가며 달려가는 말의 수준으로 국민들의 정신을 마비시키는 역할을 하게 됨으로써 뒤에 오는 후손들의 귀를 먹게 하고, 눈을 멀게 함으로써 눈은 있으나 보지를 못하고, 귀는 있으나 듣지를 못하는 병신, 바보, 천치로 타락하도록 만드는 오류를 범하였기 때문에 이런 일방적인 표현은 오만에서 생기는 설익은 무지에서 오는 결과의 산물로 우리 민족 전체에 강철과도 같은 멍에가 씌워지는 것으로 자신들이 나아가야 할 숭고한 문화창조의 길을 가로막고 억압한 나머지 사대주의 사상에 종속된 노예로 전락되어 약자에 대한 강자의 영원한 지배를 당연시하게 여기는 사대모방주의를 우러러 보면서 미화시키는 첨병역할을 함으로써 건전하고, 성실한 우리 사회에 온갖 거짓과 기만이 판을 치는 암적인 병폐만을 더해주는 결과를 초래하게 되므로 급기야 인재지변의 씨가 되어 중환자실에서 아드레날린 주사를 맞아가며 죽을 날만 기다리는 환자처럼 결국에는 나라가 망할 수밖에 없었던 근본원인이 되었던 것은 자신들 스스로가 그런 어리석은 정신을 가졌기 때문에 그렇게 되기를 원했던 것인만큼 오늘날과 같은 문화적 후진국민으로 타락됨으로써 제 나라 제 땅을 가지고도 제 맘대로 못하고, 강대국들이 시키는대로 가지고 노는 자주성없는 열등하고, 무의미한 오류가 판을 치는 국민으로 전락되었다 해도 과히 지나친 말은 아니기 때문에 누가 누구 때문에 그렇게 되었다고 탓할 바도 못되는 것이다.

이런 의미에서 생각해 볼 때 무릇 시란 것은 무엇보다도 메마른 대지에서 싹이 트듯이 인간들의 잔인한 마음을 진리의 등불로 밝힐 수 있게끔 헌신의 날개를 활짝 펼칠 수 있어야 한다는 것이다. 그렇다고 해서 시가 마치도 하늘에서 거저 떨어지기라도 하는양 영탄을 하면서 잔재주를 부리라는 것은 아니다. 왜냐하면 시란 것은 언제나 현실을 똑바로 직시하고, 느낀대로 숨김없이 올바르게 전달을 하게 되면 그것이 바로 시가 되기 때문이다.

다시 말하자면 시란 것은 어디까지나 유희나 풍월이 아니고, 현실의 반영인 까닭에 그 자체가 인간들의 괴로운 삶을 극복하고, 인간 상호간에 신뢰를 할 수가 있게끔 삶의 의지를 다져주는 촉진제 역할을 하게 되는 것인만큼 정직한 시인은 언제나 초지일관 변함없이 절대로 변명을 하지 않고, 불의를 그럴듯하게 정의로 둔갑시켜 인간성을 우롱하는 궤변이나 망발을 가지고, 시라고 격찬을 아끼지 않는 것은 무지의 소치에서 오는 것이라고 밖에 달리 말할 수가 없는 것이다.

그러나 어리석고 무식한 사람들은 아름다운 미사여구로 씌어져 있기는 하지만 실질적으로 파고들어가 보면 모든 시대의 정신을 타락시키는 시인들이 마치도 무슨 위대한 선각자라도 되는 것처럼 거기에 곧잘 현혹되어 덩달아 춤을 추고 있는 것이 우리 사회의 숨길 수 없는 실정이다. 문명이 발달하고, 돈이 판치는 세상이 되어감에 따라 시가 돈이나 권력을 비롯한 관직이나 종교적인 카리스마를 위한 직업으로 타락한 나머지 바람난 처녀처럼 제멋대로 떠돌아 다니면서 이리붙었다, 저리붙었다, 수서양단을 하면서 위로는 국가적인 목적이나 아래로는 개인적인 여러가지 명예를 위한 도구로 타락하여 사람들 사이에서 마저도 서로가 신뢰를 하지 못할 정도로 타락을 하게 됨에 따라 범죄가 늘어나고 있는 것이나 대기업가들이 서민들의 임금을 착취하거나 독재자가 제멋대로 정의를 무시하고 국민의 자유와 인권을 압살하거나 종교인들이 기만된 극락이나 천국을 들먹이며 물질을 뜯어내는 까닭도 바로 이런 몰지각한 시인들의 시를 잘못 이해하는 데서 오는 피치 못할 기이한 현상이라고 해도 지나친 과언은 아니라는 것이다.

그렇다고 해서 시가 제발로 찾아서 걸어오지는 않는다. 그대가 정녕코 참되고, 진실한 양심을 갖춘 존엄하고, 숭고한 삶의 가치를 외치는 정의로운 시인이 되기를 원한다면 적어도 호화찬란한 왕궁을 버리고, 설산에서 고행을 했던 석가모니나 예수가 17년간이나 인도의 부다가야, 녹야원, 베나레스 등지로 떠돌아 다니면서 불교의 수행을 통해 자신의 독특한 종교를 창시한 것처럼 공자가 천하를 철환한 것처럼 노자가 자연의 도를 외쳤던 것처럼 부귀영화를 누렸던 귀족출신인 톨스토이가 자신의 재산을 모두 털어서 농노들에게 나누어주고 눈 내리는 벌판을 향해 나그네길을 가다가 객사한 것처럼 겸손한 자세로 먼저 피눈물 나는 경험을 하라는 것이다.

왜냐하면 하늘이 위대한 시인을 만들 때는 그냥 맹목적으로 뜬금없이 아무나 공짜로 만들어 주는 것이 아니고, 수 없이 많은 시련과 고통 속에서 고난을 주는 까닭은 일찍이 괴테가 가난의 고통 속에서 쓰디쓴 슬픔을 맛보지 않은 사람은 인생의 맛을 모른다고, 설파했듯이 고달픈 인생의 방랑길에서 슬픔과 고독을 한껏 맛본 사람이 아니면 붉은 저녁 노을 속으로 날아가는 저 기러기떼들의 의미를 알 수가 없듯이 절대의 시구는 절대의 고행 속에서 시대에 분노한 사람들만이 얻을 수 있는 알찬 열매가 되기 때문이다.

비록 그곳에는 신이 존재치는 않을지라도 인간이란 존재는 젊어서 고생은 사서도 한다는 우리의 속담이 말해주듯 이런 비참한 고행이 서려있는 곳에는 언제나 인간이 인간임을 알 수 있는 참된 진리의 길이 무한히 열려 있기 때문이다.

그래서 동서고금을 통해 훌륭한 시를 쓴 위대한 인류의 선각자들은 이런 고통을 몸소 체험하기 위해 철광석이 펄펄 끓는 용광로 속에서 쇠가 되어 나오듯 뼈를 가는듯한 고난의 길을 방황했던 것이다. 그것은 마치도 누에가 뽕잎을 갉아먹고, 실을 빼내듯이 꿀벌이 꽃잎 속의 꿀을 빨듯이 부지런히 일하는 개미들처럼 괴로운 역경을 노래로 엮어서 갈 길을 잃고, 헤매는 목마른 영혼들의 가슴속에 입김을 불어 넣어주는 이치와 같다고 할 수가 있을진대, 합당치 않은 말로 모순된 행위를 묘하게 합리화시켜 시를 짓는 것은 인간사회에 부패의 근원이 될 뿐만 아니라 치욕을 안겨주는 결과를 초래하게 됨으로써 숨김없이 있는 그대로의 진실을 똑바로 전달해 줄 때 인간들은 비로소 무지몽매한 꿈 속에서 깨어나 잃어버린 인간성을 되찾고, 메마른 대지를 촉촉히 적셔주는 단비와도 같이 맑은 생명의 샘물이 용솟음치게 됨으로써 영원한 무지의 상태에서 벗어나 인간다운 생활을 영위하게 될 것을 믿어 의심치 않는 바이다.

하 느 님

죽음과 삶을 조작하고,
세상의 역사를 이끌어 가시면서
선한 자에게는 즐거운 행복을 주시고,
악한 자에게는 혹독한 불행을 안겨 주신다는
당신을 향해 나는 분명히 말을 하렵니다.
그러니까 천지창조 이래 허위와 기만으로 가득찬
인간의 조작된 역사를 통해서 보는 바와 같이
아무리 위대한 사람일지라도
당신과 정분을 통해
자식을 낳은 여자는 하나도 없을 뿐더러
당신이 특별히 점을 찍어 주신 덕분에
세상을 다스릴 수 있는
권능을 부여받은 사람도 없는 것이
밝기가 불을 보듯 뻔한 이치가 될진대
세상은 어찌된 탓인지
당신이 보낸 심부름꾼이나 주님이나 구세주나
계시자로 아첨을 떠는 자들이 당신의 계시를 받고,
하늘에서 내려와 지상을 통치할 수 있는
주인의 권능을 주셨다고,
그럴듯하게 허풍을 떨면서 민중의 피를 빨아먹고 있는
피도 눈물도 없는 잔인한 자들이
어쩌면 그렇게도 많은 것인지
입이 있거든 속시원히 한말씀 들려 달라는 것입니다.

불평등

태초부터 인간의 역사와 함께
어깨동무를 하고, 들러리를 서왔던
소는 일생동안 인간들을 위해
우유를 제공해 주거나
혹독한 채찍을 맞아가며
밭을 갈아주거나
온몸이 닳아 빠지도록
사람들을 등에다 태워주거나
짐을 실어나르는 등
갖은 고초를 다 겪으면서
헌신적으로 봉사를 해줍니다.
하지만 막상 죽음에 이르러서는
묘지란 숫제 있지도 않을 뿐더러
그 공적을 기리는 비석이나 동상을 세워주고,
애달파하면서 조의를 표하기는 커녕
살이나 내장을 비롯한 머리 꼬리 등은
한 조각도 남기지 않은 채
가차없이 사람의 입으로 들어가
똥이 되어 나옴과 동시에
자신들이 갈고, 닦던 논밭에 뿌려져 거름이 되거나
뼈는 가루가 되어서 도자기 제조에 쓰이는 재료가 되거나
가축을 기르는 사료가 되기 때문에
광우병을 발생시키는 원인이 되기도 하는데…
가죽은 벗겨져 방앗간의 모터를 돌려주는 피대가 되기도 하고,
대개는 사람들의 추위를 막아주는 가죽 점퍼나

구두의 신세가 되기도 합니다.
그리고 때로는 둥 둥 울리는 북이 되어
자신들의 억울함을 슬퍼하는
한에 맺힌 소리를 내기도 합니다.
닭이나 돼지의 운명도 역시
근으로 팔리는 신세가 되어
인간들의 술 안주 신세를 면하지 못하는 것처럼
농민들 역시도 가을에 추수를 하고도
그 대가를 받지 못하는 것과
공단에서 현대판 계약직 노동자들이
최저임금을 받아가며 혹사를 당하다가
산업병에 걸려 쓸모가 없을 때는
아무런 혜택을 받지도 못한 채
가차없이 해고를 당해
굶주림에 시달리다 죽어가는 것도 그렇거니와
인도주의란 평화의 가면을 쓰고,
지구촌 곳곳을 떠돌아 다니며
전쟁놀음을 벌이는 전쟁의 미치광이들이
평화란 그럴듯한 이름으로 병 주고 약 주면서
약소국들을 털도 뜯지 않고,
통째로 집어 삼키게 되는 날에는
약소국 백성들은 뱀아가리 개구리 신세가 되어
공포에 떨며 죽어가는 것도
역시 마찬가지 논법이 된다는 것입니다.

미개와 문명의 갈림길에서

오늘날 백인들은 하늘이 선택한
신의 자손이라도 되는 것처럼
세상을 다스릴 수 있는 주인의 권능을 주셨다고
자발을 떨어대며 주인행세를 하고 있습니다.
하지만 오늘날 보시는 바와 같이
문명이란 이름 아래
메뚜기의 재앙처럼 대기가 오염되고
각종 쓰레기 산업과 공해로 인해
생태계의 파괴와 더불어
오존층에 구멍이 뚫리고
온난화 현상으로 인해
북극의 얼음이 녹아서
육지가 물에 잠기거나
각종 살인무기를 만들어 가지고
이미 하늘의 순리에 순응하며
자연을 벗삼아 평화롭게 살아가는
원주민들의 땅과 숲과 강을 빼앗고
선교사들을 전위대로 내세워
망상과 약육강식이 지배하는 성서의 교리를
평화나 인도주의란 그럴 듯한 이름으로
병 주고, 약 주면서
원주민들의 머리 속에다
강제로 주입을 시키려고
발광을 하는 것은
짐승만도 못한 짓일진대

저들은 한결같이 자유, 평등, 평화를 앞세우며
무지몽매한 미개인들을 깨우쳐주는
문명의 등불이 되었으니
당연히 자신들에게 무릎을 꿇고
큰 절을 올리면서 감사를 해야 된다는 것이니
누가 누굴 보고, 미개인이라고 하는 건지
이야말로 도둑이 제 발 저린 격으로
되레 큰 소리를 치고 있는 것이려니
오! 인간의 탐욕을 하늘 끝까지 사무치도록 길러낸
독소문명 속에서 길을 잃고 헤매는 지구촌의 미아들은
순박한 인정이 넘쳐흐르는 자연 속에서
하늘의 정해준 도리에 따라
때묻지 않는 삶을 살아갈 것인지
아니면 문둥병의 부스럼과도 같은
탐욕스런 병든 문명 속에 뛰어들어
아귀다툼이나 하면서
공해를 마시다가 각종 질병에 걸려 신음을 하다가
죽어야 할 것인지 좀더 두고봐야 하겠다는 것입니다.

비록 당신의 말씀이

인간의 본능을 일깨워준 것이었고,
우리들이 한결같이 부르고자 했던
희망의 노래라고 할지라도
오늘날 우리들 모두가 보고 있는 바와 같이
빈곤의 늪에서 허덕이는 사람들에게
눈 가리고 아웅 하는 식으로 불행을 가져다 준다면
비록 당신이 세상을 창조한 주인의
권능을 가졌다고 할지라도
어찌 당신의 말을 믿고 따르며 찬미할 바보가
어디에 있겠습니까!
물론 당신을 향해 눈을 부릅뜨고,
저항적인 자세를 취하면서
당신이 창조한 세상이 정말 더러워서 못살겠다고,
침을 퉤퉤 뱉으며 불만을 터뜨리는 것은
당신의 뜻을 배반하는 행위가 된다는 것을
모르는 바는 아닙니다.
하지만 우리는 태초 이래 수 많은 세대에 걸쳐서
인간의 정신을 노예로 만들기 위해
발악하는 탐욕자들의 압제 하에서
짓눌린 채 살아왔기 때문에
사람으로 태어난 이상
사람이 사람답게 살기 위해서는
만부득이 잃어버린 권리를 찾기 위해
투쟁을 해야 되는 과제가 우리 모두의 어깨 위에
소의 멍에처럼 지워져 있기 때문입니다.

평 화

세상은 어느 곳을 막론하고,
평화의 깃발은 갈갈이 찢어진 채
땅속 깊이 매장되어 찾아 볼 길이 없습니다.
하지만 거기에는 언제나
설레이고, 나부끼는 깃발처럼
신이란 단어를 앞장세워
자유민주주의, 인도주의, 사랑이나 자비를 비롯한
인권이나 자유, 평등, 박애 등
갖가지 위선에 찬 빛좋은 개살구들이
병 주고, 약 주는 격으로
버젓이 어깨동무하고,
전염병처럼 따라 다니며
그것이 마치도 평등사상을 보여주기라도 하는 것처럼
사람들의 눈과 귀를 어지럽히며
솔잎을 야금야금 갉아먹는 송충이처럼
인간의 영혼을 갉아먹고 있는 것입니다.

하지만 나는 알고 있습니다.
신이 창조한 지상의 모든 예술품들이
인간들의 섣부른 장난질로 인해
거적으로 변해가고 있음을 말입니다.

오! 나는 알고 있습니다.
이 세상에서 생명을 가진
모든 것들은 당신이 내려주신

창조물이란 것을…
하지만 당신은 고작해야 강자의 편에서
아부를 하기 위해
당신에게 바치는 재물에 눈이 어두워
사람이 죽으면 저승의 귀신이 되게 만든
인류의 영원한 살인자들이나
기만된 천국이나 극락의 미끼로
인간을 조롱하는 사기꾼들을
거룩한 성자의 반열에 올려 주시고,
독재자가 권력의 자리에 올라
민중들을 호령하며 착취할 수 있도록
특권을 베풀어 주시는 이유가
도대체 무슨 까닭에서인지…
정녕 이들이 차려주는 아부의
젯밥에 눈이 어두워 그들과 함께
장난을 치고 있는 것이나 아닌지오.

오! 나는 알고 있노라!
오늘도 빈곤의 늪에서 허덕이는 사람들의
눈물을 씻겨주기는 커녕
똥과 복을 무더기로 쌓아놓고,
부자에게는 황금을 더해주고,
만만한 게 홀애비 좆이라고,
빈곤에 우는 자들에게는
똥개 취급을 하면서

똥이나 핥아먹게 하는 등
낡은 다리의 한복판에서
순진한 생명들을 향해 내려치는
육중한 망치소리가
귀청을 때리고 있거늘
이 낡고 썩은 기둥들을
새것으로 갈아끼우는 일에
등을 돌리시고 있을진대
우리는 언제까지나 강자의 신을 칭송하며
싱글벙글 웃어주는
어리석은 바보가 되지는 않을 테니까
그런 줄이나 아시고,
일찌감치 냉수나 먹고 속을 차리는 것이
어떠하실는지 잘 생각해 보시라는 것입니다.

검은 구름

마치도 강한 맹수가 약한 짐승을 털도 뜯지 않고,
통째로 잡아먹기 위해 으르릉거리듯이
하늘에는 먹구름이 드리운 채
천둥 번개가 당장이라도 삽시간에 세상을 집어 삼킬듯한
기세로 울부짖고 있습니다.
거기에 따라서 지진이 일어나고,
화산이 폭발을 하거나 해일이 덮치게 되면
마치도 지구에 종말이라도 온 것처럼
느끼면서 울고 불고 난리를 쳐댑니다.
하지만 그리 걱정할 것은 없습니다.
삶의 법칙이란 하늘이 무너져도 솟아날 구멍이 있듯이
새벽이되면 수탉은 용마루 위에서
목청을 돋궈가며 기상나팔을 열나게 불어대는 가운데
동녘 하늘이 밝아오면서
모든 만물은 잠에서 깨어나 기지개를 켜노라면
새들은 나뭇가지 위에서 노래를 부르고,
사람들은 각자 일터로 나가서
일을 하다가 해가 지고, 날이 저물면
다시 집으로 돌아와 가족들과 함께 저녁을 먹고,
달과 별들이 우리들의 마음을 즐겁게 해주는
아늑한 공간에서 평화로운 휴식을 취하게 되는 것이
인간의 역사이기 때문입니다.
태초 이래 원시 조상들 역시도 밤이되면
모닥불을 펴놓고, 둘러앉아두런두런 이야기를 주고 받으며
웃고, 즐기다가 잠이 들었을 테니까요.

나의 길

그대는 그대의 길을 가십시오.
그대의 가는 길이 비록
낙원의 꽃밭에서
황금의 열매를 따먹는 일이 될지언정
나는 나대로 나에게 주어진
나의 길을 가렵니다.
오! 당신은 당신대로 당신의 길을 가십시오.
당신이 원하는 길이 비록 죽은 후에 부활하여
영원한 복락을 누리는 천국이나
극락의 길이 될지라도
나는 나대로 나의 길을 가려고 하는 것이니까
상관치 마시고,
당신이 원하는 길이나 어서 서둘러 가시라는 것입니다.
세상은 보다시피 지금 이 순간에도
당신을 믿고, 따르는척 해가면서
인간의 순수한 영혼을 메말리기 위해
미쳐 날뛰는 악마의 무리들이
끊임없이 목을 조르고 있거늘
혼자만 즐거운 행복을 찾겠다고,
남의 고통을 팔짱을 낀 채
불난 집 불구경 하듯 바라다 보면서
희열을 즐기는 것은
인간의 도리에 어긋나는 일이기 때문입니다.
물론 나의 이런 주장에 대해
어리석은 짓이라고,

비웃음을 치면서 구시렁거리는
소리들이 들려올 것을 모르는 바는 아닙니다.
하지만 나는 이들을 탓하고 싶지는 않습니다.
왜냐하면 대개의 사람들은
불합리하고, 무의미한 헛 것이나
탐욕자들의 기만술수나
허무맹랑한 극락이나 천국의 사탕발림에 넘어가
거기를 가지 못해 환장한 나머지
돈을 푹푹 써가면서
울고 불고 난리를 쳐대지만
실증적으로 보이는 순수한 진실도
자신들의 이해타산에 맞지를 않으면
미친 소리를 한다고 시비를 걸면서
배척을 하는 동물이기 때문입니다.
하지만 실지로 삶의 이치를 깨우친 사람이라면
나의 이런 주장에 대해 헐뜯고,
비난하는 소리를 멈출 것이기 때문입니다.
오! 당신은 당신의 길을 가십시오.
나는 그 어떤 곤경에 빠져서
굶어 죽는 한이 있더라도
당신의 발밑에 무릎을 꿇고,
밥을 달라고, 구걸하는 어리석은 바보가 되지는 않을테니까
시집살이를 시키는 시어미처럼
당신이 나에게 이래라 저래라 하고,
사사건건 참견하지 마시고

어서 당신이 원하는 길이나 서둘러 가시라는 것입니다.
오! 당신은 당신의 길을 가십시오.
나는 나대로 도끼를 갈아서
바늘을 만드는 고통이 따르는 한이 있더라도
권력에 눈이 어두워
인간의 양심을 배반하고,
불의 앞에 무릎을 꿇고, 절을 올리며
만수산 드렁칡처럼 얽혀 살기는 싫으니까요.
오! 당신은 당신의 길을 가십시오!
설령 당신이 내가 되고,
내가 당신이 될 수 있는 처지를 바꿔줄테니
까불지 말고, 좋게 말할 때 나를 따라 오라고,
자선을 베풀지라도 나는 당신의 호의를 자랑스럽게
받아들이며 감사하는 마음으로
머리를 조아리는 망나니가 되지는 않으렵니다.
왜냐하면 나는 나대로 인생의 미로에서 갈 길을 잃고
헤매는 사람이 있으면
바른 길로 인도를 해주고,
그들의 친구가 되어
옛날부터 우리 민족을 팔아먹은 역적들이나
친일파들과 허위와 사기로서
사람들을 기만하는 스님이나 목사들과
유치한 애국심으로 사람들을 속이고,
유사 이래 우리나라를 요모양 요꼴로 타락시켜 놓은
왕이나 관리들을 비롯한 권력자들을 잡아다가

역사의 심판대 위에 올려놓고,
그들에 의해 억울하게 죽어간
허공에 떠도는 영혼들의 한을 풀어주기 위해
역사의 심판자가 되려고 벼르는 까닭은
이 세상의 모든 권세나 부귀와 명성은
당신으로부터 특별이 선택받은 자들에게만
주어진 축복의 선물이 아니고,
인간의 더러운 탐욕이 만들어 낸 사생아이기 때문에
허위와 기만으로 얼룩진 죄의 대가는 타락을 의미하며
정의와 신뢰는 진실함에서 비롯되는 것이려니
나는 이런 희망의 싸움을 위해
그 어떤 고충이 따르는 한이 있더라도
인의를 이루고 죽고자 함이니
아무 것도 보이지 않는
이 어둡고, 험악한 세상에서
나의 시적인 진실을 통해서
인도주의를 함양시키고,
천대받는 민중들을 특권층의 질곡으로부터
해방을 시키는 싸움꾼이 되고자 함이니
그것이 만약 인간이 가야 할 도리에
한치라도 어긋나는 일이 아니라면
내가 하려는 일들에 귀를 기울여 주시고,
돌이 녹아서 눈물이 되는 한이 있더라도
살아있는 동안만이라도
이런 속박들을 물리칠 수 있게끔

망해 먹든 흥해 먹든
우리가 원하는대로
흐느적거리며 자유롭게 흘러가는 물결처럼
넓은 세상을 향해 흘러가고자 함이니
사사건건 간섭을 하지 마시라는 것입니다.
왜냐하면 당신의 시간은 영원하지만
인간의 삶이란 고작해야 영원히 흘러가는
세월의 열차를 따라잡지 못한 채
간이 역전에서 잠시 쉬었다가
자취도 없이 사라져버리는
유한한 존재이기 때문에
나는 그 어떤 고난이 닥쳐올지라도
비록 삶이 짧기는 하지만 살아 있는 그날까지만이라도
내가 옳다고 믿는 신념의 길을 가기 위해
보이는 것과 보이지 않는 것을
동시에 꿰뚫어보는
예민한 투시력으로 인생을 지켜 보면서
형제나 친구들과 화목하게 지내며 어려운 이들에게
따뜻한 미소와 격려를 해주다가 때가 되면
죽어서도 정의로운 귀신이 되려고 하는 것이려니
당신은 자신을 과시하기 위해
막연하고, 성스런 공포로
허무한 천국이나 지옥을 들먹거리며
연약한 인간들에게 겁을 주지 마시라는 것입니다.

신의 존재 유무에 대해서

설사 신을 믿지 않는 사람들일지라도
신을 직접 보기라도 한 것처럼 이러니 저러니 하고,
각자 나름대로 떠벌여대는 것을 볼 수가 있습니다.
이런 자들의 공통적인 특성은
신이 항상 자신들을 자비스런 외포로 감싸주고 있는 덕분에
마치도 천만년을 살 것처럼 헛소리를 해가면서
신은 마치도 숨바꼭질을 하는
애들과도 같이 머리칼 한올도 보이지 않게
꼭꼭 숨어서 인간의 생사고락을
지켜보고 있다는 것입니다.
그리고 때로는 온 누리에 흩어져 버리는
바람이 되어 폭풍우를 몰고 오는
뇌우가 되기도 하고,
땅을 갈라놓는 지진이 되거나
화산이 폭발하여 불바다를 만들어 놓게 된다고
말하는 사람도 있습니다.
그리고 동서고금을 막론하고,
왕이나 권력자나 부자를 비롯한 종교인들은
자신들은 마치도 하늘이 선택한 사람처럼
거룩한 흉내를 내면서
남이야 죽든지 말든지 아랑곳하지 않은 채
오직 자신들의 배만을 채우기 위해 개판을 치고 있기 때문에
그들에게 은근히 겁을 주는 것이라고
말하는 사람들도 있습니다.
하지만 개중에서도 신은 착한 마음씨를 가진 사람에게는

때때로 반짝이는 금강석처럼
맑은 향기를 선사하는 꽃이 되어
선량한 사람들의 마음을 달래주는
자비의 안식처가 된다고 말하는 사람도 있습니다.
거기에다 비록 신을 믿지 않는 사람들일지라도
속으로는 나름대로 신의 형상을 마음 속에 간직한 채
은근히 추파를 던진다는 것입니다.
그들의 공통점은 신이 있는지 없는지는
아직은 죽어 보지 않아서 잘 모르기는 하지만
혹시 만에 일이라도 하늘에서 돈벼락이 떨어지는
행운을 만나게 될지도 모른다는 것과
만약 죽게 되더라도 지옥을 가서
영원한 고초를 받는 것 보다는
천국이나 극락으로 올라가
영원한 행복을 누리며 사는 것이
훨씬 더 바람직한 일이기 때문에
비록 속마음은 염소처럼 얌체와 같을지라도
겉으로 보기엔 순진한 양처럼
슬퍼하고 우는 척이라도 해가면서
믿는 체를 하는 것도 과히 나쁠 것은 없지 않느냐고,
자기들 좋을대로 신에 대한 의미를 부여하고 있는 것입니다.

삶의 가치

거치른 삶의 가시밭길에서
육신의 한조각이 떨어져 나가는
따끔한 맛을 보고 나니
인생이 어찌나도 허무하고,
무의미하게 느껴지는 것인지
희망은 이내 안개낀 숲속에 가려진 채
왜 이렇게도 더럽고, 치사하고,
비굴하고, 허접한 세상에 태어나
수 없이 떼를 지어 몰려오는 고통을 겪으면서
살아가야 하는 것인지
마치도 잔인한 운명의 총탄이라도 맞은 것처럼
몸부림을 칠 때가 한두번이 아닙니다.
하지만 이내 안개가 걷히고,
찬란한 태양의 빛을 받은 모든 삼라만상들이
각자 나름대로 삶의 의지를 자랑하며
꿋꿋하게 솟아오르는 것을 볼라치면
절망은 이내 소리없는 비명을 지르면서
차갑게 얼어붙었던 희망이 한줄기 빛이 되어
어서오라고, 손짓을 하고 있는 것이 보입니다.

행 복

삶이 이다지도 괴로울진대
당신은 행복을 찾아서 무엇에 쓰시려고,
그렇게도 애간장을 태워가며
그것을 잡지 못해 욕망의 그물을 치고 있는 것입니까?
하지만 그것이 그렇게 호락호락하게
낚싯밥에 걸려드는 어리석은 물고기처럼
무조건 따라와 주는 바보가 아니라는 것쯤은
아셔야 한다는 것입니다.
그리고 또 그것이
하늘에서 특별히 점을 찍어주셨다고,
자랑삼아 말하는 사람이나
종교적 권위로서 세상을 어지럽히는
광신자들이나 사치에 눈이 어두운
권력의 노리개들에게만 보내주는 진귀한 선물처럼
쉽게 얻으려고, 착각을 하면서
그것을 찾기 위해 수단과 방법을 가리지 않고,
맹수가 약한 짐승을 노리듯
호시탐탐 기회를 노리며 자신의 행복을 위해
남의 행복을 뺏으려고, 욕심을 부리는 자들도 있습니다.
하지만 행복은 이내 그런 것이 아니라고,
고개를 절레절레 내두르며
꽃이 채 열매를 맺기도 전에
꽃샘바람의 공격을 받고,
산산히 흩어져 버리는 것을 종종 볼 수가 있습니다.
왜냐하면 재앙이란 굴레는 언제나 고통을 안겨 주기 위해 호시탐탐 기회를 노리는 망나니 역할을 하기 때문입니다.
그러니까 당신의 귀중한 시간을 헛되게 탕진해 가면서
방황할 필요까지는 없다는 얘기가 되겠지요.
그렇다면 당신은 과연 행복을 어디다 감춰놓고,
그것을 찾기 위해 그토록 방황하고 있는 것입니까?
당신이 진정으로 그것을 꼭 가지고 싶은 것이
소망이라면 일부러 찾아 나서질 마시고,
당신의 가슴 속에 거미줄처럼 얽혀 있는
탐욕의 불을 꺼버리고,
자신의 내면을 조용히 관조해 보노라면
행복은 마치도 등잔 밑이 어둡듯이
옹달샘이 산 속에 있듯이
나무밑에 그늘이 있듯이
씨속에 나무가 있고,
나무 속에 씨가 있듯이
사람속에 사람이 있듯이
말 속에 뜻이 있듯이
물 속에 고기가 있듯이
허공 속에 허공이 있듯이
나뭇가지 위에서 새들이 노래를 하듯이
동쪽이 있으면 서쪽이 있듯이
왼쪽이 있으면 오른쪽이 있듯이
겨울이 지나면 봄이 오듯이
보는 쪽이 앞이 되듯이
옳은 것이 있으면 그른 것이 있듯이

당신이 생활하는 숨결 속에서
어서들 오라고, 손짓을 하고 있음에도
당신은 그런 낌새를 조금도 알아차리지 못한 채
물 속의 물고기가 목말라 하듯이
놀부가 흥부의 재산을 노리듯
그대의 육신 속에는 과대한 욕망으로 얼룩진
자만과 탐욕에 사로잡힌 나머지
무지의 암흑을 통해서 사물을 바라보기 때문에
귀는 있으나 듣지를 못하는 귀머거리나
눈은 있으나 보지를 못하는 장님의 신세로 전락된 나머지
그것이 마치도 신이 특별히 선택한
사람에게만 내려주는 진귀한 선물처럼
종교적 망상이나 권력의 탐욕에 사로잡혀
친구를 따라서 강남을 가는 것과 같이
가는 곳마다 탐욕의 씨를 뿌리며
꼴사납게 장난을 치다가 지친 나머지
눈물을 흘리며 되돌아왔기 때문에
인생이란 누구나를 막론하고,
괴로움일 수는 있어도 결코 행복일 수는 없다는 것입니다.
하지만 나는 행복의 지혜를 찾기 위해
나의 마음 속에 세속의 먼지로 뒤덮힌
더러운 욕망과 기만을
진실한 사랑과 소망으로 바꾸기 위해
생활의 수레바퀴를 굴리고, 또 굴립니다.
내가 비록 어려서부터 가난의 연속으로 인해

추위, 배고픔, 갈증을 견디면서 살아왔기 때문에
실의에 찬 나머지 인생의 어두운 길을 걸어온 탓에
한때는 비관을 하면서 투덜거린 적도 있었으나
뒤늦게 깨닫고, 참되게 살기 위해
하늘이 복을 내려 주지 않더라도
눈이 오는 날이나 비바람이 휘몰아치는 날에도 쉬지 않고,
매일같이 근면하게 꾸준히 일을 함으로써
굶주리지 않고, 적당히 먹고 싸는 기쁨
비가 오거나 눈이 오는 추운 겨울날에도
뜨뜻한 방에서 잠을 잘 수가 있다는 기쁨
큰 돈은 없더라도 더러운 재물의 만족은 원치를 않으니
돈의 노예가 되지 않고,
형편이 닿는대로 청빈하게 살아가는 기쁨
치장하는 것은 없으나
자연으로 돌아가 본능에 순응을 하다 보면
평화로운 생명이 물결치는 가운데
항상 여유롭게 살아가는 기쁨과
부부간의 금슬과 자식의 사랑 속에서
사람들 사이에서 일어나는 배신과 복수를
우정과 애정으로 바꾸고,
하루에 꼭 한번만이라도 남들을 즐겁게 해주고,
잘못을 용서해 줌으로써
그들의 입에서 고맙다는 말과 함께
웃음꽃이 피어날 수 있게끔
부드러운 미소와 숨결로

따뜻한 마음을 선사해주는 기쁨
남에게 자선을 베풀어 주고도
거기에 대한 대가를 바라지 않는 기쁨이 바로 그것입니다.
하지만 그대는 아름다운 꽃들이 당신의 뜰 앞에서
미소를 지으며 손짓하고 있음에도
그것을 보지 못하고,
어두컴컴한 교회나
산속의 절에서 허공을 헤매고 있습니다.
하지만 나는 가난하여 줄 것이 없으나
오늘도 반짝이는 보석처럼
천금을 주고도 살 수 없는 행복의
수레바퀴를 굴리고, 또 굴리면서
나의 끊임없는 숨결 속에다 저축하고 있습니다.
행복은 많을수록 좋고,
쓰고, 남은 것은 남들에게도 선물을 주고,
함께 즐기기 위해서입니다.
당신도 역시 재물에 대한 탐욕과
화려한 장식을 벗어던지고,
남들에 대한 미움의 뿌리를 뽑아 버린다면
그렇게도 강렬하게 솟구쳤던 탐욕의 씨앗들이
황혼의 만가를 부르면서 사라져가는 가운데
맑고, 깨끗한 기쁨들이 함께 몰려와
그대의 가슴을 감싸고 돌면서
감미로운 행복의 노래들이
당신의 마음 속에서 물결칠 것입니다.

조국의 자화상

제국주의자들이 들어오면 가장 먼저 하는 작업이
근대화란 명목 아래 철도나 항만을 건설하거나
그와 더불어 보다 효율적인 수탈과
유사시 군대의 빠른 이동을 위해
도로를 넓히는 등
경제개발도상이란 그럴듯한 이름으로
다국적 기업을 차려놓거나
선교사들이 들어와 깡통교회나 땡전학교를 지어놓고,
마치도 하늘과 땅을 연결해 주는 사람처럼
행동을 하면서 얼빠진 교육을 시키는 것은
우리들이 결코 이뻐서가 아니고,
나중에 키워서 잡아먹기 위해
소나 돼지나 닭처럼 사료에
성장호로몬을 섞어서
먹이고 있는 것이나 다름이 없다는 것입니다.
하지만 당신들은 아직도 그런 귀신들의 음흉한 속셈을
한치도 깨닫지 못한 채
배만 부르면 최고인줄 알고,
살기 좋은 세상이 왔다고, 주접을 떨어대며
큰소리를 치는 것은
마치도 울 안에 갇힌 돼지가 배불리 먹고,
꿀꿀거리는 것이나 별반 차이가 없다는 것을
아셔야 한다는 것입니다.

세상은 출렁이는 고해의 물결

세상은 어느 곳을 막론하고,
온갖 추악과 모순으로 가득차 있습니다.
이들은 대개가 겉으로는 애국자라는
그럴듯한 형상의 탈을 쓰고,
갖가지 기만술수를 써가면서
사람들을 우롱하고 있거나
혹은 종교라는 이름으로 사후에 천당이나
극락을 들먹거리며
속여먹는 수법도 각양각색입니다.
그들의 공통적인 특성은
민중들의 한숨으로 얼룩진 눈물과 외침이
하늘을 찌를 듯 사무치고 있음에도
눈 하나 까딱하지 않은 채
하나라도 더 뜯어먹기 위해
사나운 맹수가 피묻은 입술을 날름거리며
약한 짐승을 노리는 것처럼
시퍼런 칼날을 사정없이 휘둘러 대는
야수나 다름이 없다는 것입니다.

독 일

여기는 인권의 나라 독일 땅이라고,
사람들은 곧잘 아는 체를 합니다.
하기야 겉으로 보기엔 사람마다
의식주에 별 차별이 없으니까
그렇게 말하는 것도 무리는 아니라는 것입니다.
하지만 내가 보기엔 여기도 역시
탐욕으로 가득찬 사람의 탈을 쓴
인간들이 모여 사는 곳인만큼
종교서적에 나오는 말과 같이
모든 인간이 평등하게 누릴 수 있는
자유와 민주주의를 비롯한
달콤한 박애정신이나
정의와 인도주의 같은 단어들은
모두가 다 빛좋은 개살구나
다름이 없다는 것입니다.
물론 자기네들끼리는 그런 것들을
서로가 존중해 주는지는 알 길은 없으나
실지로 깊이 파고 들어가보면
우리네처럼 가난뱅이 나라에서 온
사람들에게 주어지는 모멸은
오로지 살을 도려내는 듯한
인종차별과 노동착취가 뒤를 따라 다니면서 개무시를 당하는
일들이 다반사처럼 일어나고 있기 때문입니다.

세상의 법은

동서고금 어느 나라를 막론하고,
모든 인간은 법 앞에서 공평하다고,
이구동성으로 말들을 합니다.
그래서 죄를 진 사람은 당연히
그 벌에 해당하는 법의 심판을 받고
감옥에 들어가 석가모니 불상처럼
가부좌를 틀고 앉아 콩밥을 먹어가며
묵상을 하고 있는 것은 유사 이래 변함이 없습니다.
하지만 정작 정의와 양심에 따라
재판을 한다는 법관들은
미증유의 잔인성을 가지고,
인간의 존엄한 가치를 말살하거나
전쟁을 일으켜 수 없이 많은 사람을 죽여서
저승의 귀신이 되게 만든
탐욕스런 왕이나 탐관오리들이나
자유민주주의를 외치는 민중들을 압살하고,
권좌에 올라앉은 독재자들이나
약소국가를 침탈한 강대국들을 비롯한
노동자들의 임금을 착취하고,
부당하게 해고를 시킨 자본가들과
허무한 환상의 세계를 부르짖으며
사람들에게 극락이나
천당을 보내 주겠다고,
귀신이 곡할 정도로 세뇌를 시켜서
금품을 뜯어내는 철면피 이외에도

여신도들을 겁탈하는 부정한 행위를 해서
임신을 하게 만들어놓고,
하늘의 성령이 임하여
아기를 낳게 되었다고,
낯짝 뻔뻔스럽게 핑계를 대거나
불상 앞에서 불공을 드리고 있는데
갑자기 스님들이 달겨들어 겁탈을 해놓고,
석가의 은덕이 임하여
잉태를 하게 되었다고,
황당무계하게 떠벌려대는 중 나부랭이들에게는
어찌된 탓인지 그렇게도 추잡하기 짝이 없는
더럽고도 비굴한 비행들이 장막에 가려진 채
오히려 그것이 경건한 성스러움으로 포장되어
위대한 업적을 남긴 선각자로 추앙하는 반면에
억압받는 민중들과
조국을 위해
정의의 칼날을 빼들고,
절규했던 의인들은
왕정시대에는 반역자
북한에서는 반동분자
남한에서는 적색분자로 낙인을 찍어
나라와 민족을 배신한 반역자로 몰아서
사형에 처해지는 것은
인도주의에 입각한 양심을 보호하는
정의의 울타리가 무너졌기 때문입니다.

그래서 오늘날 당신께서
보시는 바와도 같이
정작 재판을 하게 되면
언제나 약자가 피를 보게 되는
타락에 물든 망나니들의 범죄집단 앞에서는
모든 정의와 자유와 양심과 인권이
탐욕에 물든 미친 개들의
이빨에 물어뜯긴 채 한줌의 재가 되어
형장의 이슬로 사라져가고 있노니
나는 부패나 비리를 저축하고,
뇌물의 양에 따라 죄인에게 돈을 받아먹고,
형기가 단축되거나 풀어주는
정실재판이나 뇌물재판에 환멸을 느끼면서
겉으로는 새로운 시대를 이끌어 나간다고,
뻔뻔스럽게 큰소리를 쳐대면서
속으로는 권력과 결탁하고,
조롱하기를 좋아하는
무식쟁이들이 음침한 흉계로
인간의 참다운 가치를 말살하고,
약자를 짓이기는 광기에 찬
개판의 세상에 침을 뱉는 것입니다.

봄의 노래

맑고, 푸른 하늘에는 풍성한 조각구름이
조용히 흘러가고 있는 가운데
삼라만상은 자연의 거룩한 리듬에 맞춰
환희에 찬 송가를 부르고 있습니다.
이에따라 따뜻한 훈풍이 약속이나 한듯이
살랑살랑 불어오고 있는 가운데
감미로운 꾀꼬리 울음소리가
산골에 울리고 있는 것이,
마치도 꿈나라에 들어온 느낌을 자아내고 있습니다.
그리고 푸른 대지에서는
대소 미물에 이르기까지
봄을 만난 기쁨에 취하여
서로가 사이좋게 웃고, 즐기며
삶을 향해 전진하는 의지의 노래들이
축복의 재촉인양 들려오고 있습니다.
이 만물의 흥겨운 재회를 어느 누가 감히 방해할 수가 있겠는지
용기가 있는 사람이 있거든 어디 좀 한번 나서 보시라는 겁니다.
종교인들이 부르짖는 신이나
권력자가 힘을 동원하여
총칼로 위협하거나
혹은 부자가 그것을 돈이나
백으로 매수를 할 수가 있다고,
장담을 하시는 것입니까?
하지만 그것은 언어도단도 이만저만이 아니라는 것입니다.
그러면 그럴수록 봄의 속삭임은

끝없이 맑고, 푸른 하늘을 비춰주는
잔잔한 호수의 물결 속에서 놀아나는 고기떼들과
자연의 성전을 지붕 삼아
노래하는 새들의 합창 속에서
파릇파릇 싹을 틔우는
뿌리의 지심 속에서
누가 그렇게 하라고,
억지로 시킨 것도 아니건만
무한한 공간 속에서
동일한 생명들이
각자 나름대로 특기를 자랑하며
생명의 빛을 던져주는 놀라운 자연의 신비가
마치도 젖을 먹이고 키워주신
어머님의 아늑한 품처럼
모든 만물을 감싸고, 돌면서
평화스러운 안식을 제공해주고 있지를 않습니까?

결코 인간성을 미혹하지 마십시오

어떤 천상이나 극락을 비롯한
적멸보궁이나 시온성같은
허구적인 말장난으로
인간들의 연약한 마음을 기만하는 것은
창조주께서 내려주신
삶의 권리를 훼손하는 행위가 되기 때문입니다.
하지만 저 무지하기 짝이 없는
간악한 종교 전령사들은
자신들이 마치도 신적인 존재라도 되는양
기적이나 신비 등 맑은 술과 미녀들이
방긋방긋 웃으며
발가벗고, 춤을 추거나 술을 따라 주는 등
꿀과 포도주가 시냇물처럼
철철 넘쳐 흐르는 곳에
영원히 사는 천국과 극락의 세계가 있다고,
갖가지 달콤한 미사여구를 동원하여
그것이 마치도 신의 참된 세계라도 되는양
성스러운 불로 겁을 주거나 경건한 속임수로
공포의 씨앗을 심어주는 것이야 말로
실경 밑에서 숟가락 줍기식으로
더 많은 재물을 모아서
자신들의 거짓왕국을 짓기 위한 기만술수라는 것입니다.
하지만 천국과 극락은 신이 만든 것이 아니고,
인간이 죽음이 무서운 나머지
더 살고 싶은 욕망이 지어낸

탐욕의 사생아일뿐
만약 그런 곳이 있다고 할지라도
아무도 그곳을 가보기 전에는 알 수가 없는데다
그곳은 한번 가면 다시 돌아올 수 없는 곳이기 때문에
태초 이래 아무리 날고 뛰는 재주를 가졌을지라도
죽음의 비밀을 푼 자는 하나도 없다는 것입니다.

수 없이 많은 사원의 탑과

사원에서 들려오는 종소리는
마치도 맞아죽는 한이 있더라도 원수에게 대항하지 말고,
사랑을 해줘야 복을 많이 받고, 죽어서도 천당을 간다는
수식어처럼 달콤하게 들려오고 있습니다.
정녕 그렇다면 저 종소리는
과연 누구를 위해 울려퍼지고 있는 것인지
참으로 알다가도 모를 일입니다.
일찍이 흑인은 족쇄 차고, 미국땅으로 끌려가
온갖 고초를 겪은 끝에 거기다 둥지를 틀었고,
유대인들도 나라를 잃고, 2천년 동안 방황을 하면서
온갖 설움을 다 받아가며 살다가
자신들의 고향을 찾아가 나라를 세웠고,
세상의 모든 만물은 대소미물에 이르기까지
각자 나름대로 깃들일 보금자리가 있건만
나에게는 구태여 조국이 없는 것도 아니련만
어찌 나만 홀로 발디딜 틈마저 없는지
차가운 달빛 아래
풀섶의 귀뚜라미마저도 울어주고, 있는 걸 보노라니
조국을 잃고, 떠도는 나의 처량한 신세에
동정을 하는듯 싶구나!

광 란

실컷 배부름에 취한 사자나
호랑이가 뜯다버린 갈비뼈를
약한 짐승들에게 던져주고,
자신들의 위엄을 과시하며
희열을 즐기는 것은
마치도 제왕이나
독재자들이나 종교인들이
세금이나 연봇돈이나
각종 수탈을 통해서
백성들에게서 착취한 재물을 가지고,
그것이 마치도 자신들이 노력해서 벌어들인 것인양
착각 속에 빠져든 나머지
선심을 써가며 희희낙락하는 것은
마치도 먹다 버린 갈비뼈를
개에게 던져주는 것이나 다름이 없다는 것입니다.

지구의 넓이와 길이는

태초 이래 동서고금을 막론하고,
나라의 크고 작음에 관계없이
지구가 더 넓어지거나 길어진 것도 아니고,
그렇다고 해서 더 좁아진 것도 아니며
육지가 제 아무리 넓다 해도
바다보다는 적은 것이고,
바다가 제 아무리 넓다 해도
무궁한 하늘을 따를 수가 없는 것은
태초에도 그랬었고, 오늘도 여전히 그러하며
수억년이 흘러가도 변함이 없을진대
인간이란 탈을 쓴 동물들은 어찌나도 그렇게
욕심이 많은지 오나 가나 네것 내것 찾으면서
다른 사람이 침범하지 못하게끔
말뚝을 박아서 울타리를 튼튼하게 쳐놓고,
한치라도 더 많은 땅을 차지하기 위해
끊임없이 난동을 부리고 있습니다.
하지만 영원한 세월의 목격자인
해와 달과 별들은 인간들의
영원한 탐욕을 비웃으며
그렇게 해서는 안된다고,
오늘도 끊임없이 국경과 사상과 이념을 초월하여
위대한 교훈을 던져주고 있습니다.
하지만 동서고금을 막론하고,
인간이란 동물들은
땅은 넓은 것이 가장 좋고,

나라도 역시 큰 것이 좋다고,
개나발을 불어대며
세상에서 가장 빨리 부자가 되는 길은
남의 재물을 훔치거나 빼앗는 것이라고,
평화란 말로 합리화를 시키면서
남의 나라를 쳐들어가
서로 붙잡고, 대격돌을 벌이면서
땅뺏기 경쟁은 한시도 그치지 않은 채
힘깨나 쓰는 권력자들과 부자들의 땅은
점점 더 넓어져 가는데
상대가 강하면 슬슬 구슬리고,
상대가 약하고, 우둔하면 그냥 눈 딱감고,
쓱싹해 먹어치워 버리는
강대국들은 전 세계를 손에 넣기 위해
식민지인들을 꼼짝도 못하게
손을 좀 봐줘가면서
정 말을 듣지 않으면
닥치는대로 부수고, 약탈하고,
학살하는 만행을 부리고 있습니다.

바람이 불어오고 있습니다

독기를 머금은 바람이
마치도 버림받은 여인의 한처럼
신세타령을 하면서
쉴 새 없이 불어오고 있습니다.

비가 옵니다
머나 먼 하늘나라에서부터
죽음의 재를 안고
뚝뚝 떨어지고 있습니다.

눈이 옵니다
머나 먼 하늘나라에서부터
탐스러운 눈송이가
하얀 소복 단장을 하고
고운 선녀의 숨결처럼
사뿐사뿐 내려와
온 대지를 설경으로 만들어 놓고 있습니다.

하지만 오늘날 곱디고운 청춘남녀가
두손을 마주잡고, 흰눈을 맞아가며
사랑의 밀어를 속삭이며
부드러운 눈길을 밟고,
뽀드득 뽀도득 소리를 내면서
걸어가는 낭만을 싫어하고 있습니다.
비나 눈 속에는 인간의 삶을 좀먹는
맹독성 유해물질이 섞여있기 때문입니다.

그래서 새들은 봄이 와도 울지를 못한 채
입에다 게거품을 물고,
질식을 한 채 곡을 하며 죽어가고,
물고기는 오염에 취해
떼죽음을 당하는 등
벌들은 꽃을 빨면서 죽어가고,
동물들은 서서히 꼬리를 감추고 있습니다.
하지만 자원에 굶주린 사람들은
물질문명의 독소삼매에 취한 나머지
남이야 죽든지 말든지 전연 개의치를 않은 채
혼자만 독차지하기 위해
위대한 문명의 걸작품이라고,
자화자찬을 하면서
지구를 온통 쓰레기장으로 만들어 놓고 있습니다.
오! 인간을 기계의 부속품으로
타락시켜 놓고,
생존마저 위협하는
그런 쓰레기 문명을 창조해서 어디다가 쓰려고,
그렇게들 발악을 하고 있는지
참으로 어리석기 짝이 없는
탐욕의 옷을 걸친 동물들은
오늘도 다채로운 향락과 함께
먹고, 싸고, 마시면서
자신들이 들어갈 무덤을 파기에 경쟁을 하고 있습니다.

평 화

인간은 누구나를 막론하고,
상하고하 귀천에 차별을 두지 않고,
평등하게 태어나 아무런 구애를 받지 않고,
자유롭게 행복을 누리며 잘 먹고, 잘 살다가
명이 다하면 저 세상으로 가게 되는 것은
천부적으로 물려받은 선물인 만큼
어느 누구도 감히 그 권리를
침범해서는 안된다는 것입니다.
하지만 동서고금을 막론하고,
헛된 말과 거짓된 행동으로
세상을 어지럽히는
간악한 왕이나 양반을 비롯한
권력자나 종교가들은
세상이 마치도 자신들의 것인양
술수에 능한 사람들은 인간에 대한
삶의 가치를 무시하고,
민중들의 자유와 인권을 송두리째 빼어다가
어두컴컴한 철창 속에 가둬놓고,
억압하고 있는 것을 봅니다.
하지만 나는 그들의 간교한 술책에
휘말려들지 않기 위해 발버둥을 칩니다.
그러니까 부자나 빈자나
양반 상놈이나 인종에 구별을 두지 말고,
모든 인간이 자신들을 낳아 길러주신
정든 고향에서 때묻지 않은 마음으로

서로 도와주며 평화롭게 살다가 때가 되면
안락한 죽음을 맞이할 수 있게 해달라고,
고래고래 소리를 지릅니다.
하지만 하늘의 문은 굳게 닫힌 채
아무런 대꾸도 하지를 않습니다.
그래서 신은 이미 죽었다는 것을
어느 누구보다도 더 잘 알고 있는
권력자들이나 종교인들은
자신들도 못가는 주제에
천당이나 극락이란 미끼를 던져놓고,
껄껄대고, 웃어대며
민중들의 재물을 약탈해다가
창고에 쌓아 놓거나
제국주의자들은 강도를 길러서
자연을 정복하고, 자유와 평등과
세계평화, 인도주의, 경제원조 등
갖가지 기만술수를 밥먹듯이 구사하며
등치고, 간을 내먹기에 여념이 없습니다.
하지만 세상 사람들은 사형을 받아도 시원치 않을
이런 악당들을 살인자나 도둑놈이라 부르지 않고,
하늘이 내린 위대한 성자나
평화의 사도라 부르고 있는 것이려니
나원참 하늘이 눈도 삐었지
그래 이런 사람들을 하늘이 내렸다니
참으로 기가 차서 말문이 막히는 일입니다.

죄 인

세상에는 죄인들이 참으로 많기도 합니다.
그들이 무슨 죄를 어떻게 지었는지
죄의 종류가 헤아릴 수 없을만큼
하도 많아서 이루 다 말할 수는 없습니다.
하지만 분명한 것은 법을 어기고,
죄를 저지른 사람들은 법의 심판을 받고,
감옥으로 들어가 울 안에 갇힌 돼지처럼
꿀꿀거리고 있다는 사실만은
동서고금 유사 이래 변함이 없다는 것입니다.
그러니까 우리의 통한이 얽힌
질곡의 역사에서도 보는 바와 같이
국가를 재건한다는 것이
고작해야 산에서 쓸만한 나무를 모두 베어다가
왕궁이나 관리들의 집을 짓고,
남는 것은 이웃 나라에다 팔아먹고는
너도 나도 베어다가 땔감으로 사용하고는
심어놓지는 않았기 때문에
삼천리 방방곡곡 어느 곳을 막론하고,
한결같이 민둥산을 만들어 놓았던 것과
백성의 재산을 털어가기 위해
수단과 방법을 가리지않고,
한밑천씩 슬쩍해서 꼬불쳐 두었다가
자기패들의 권력이 무너지면
제 살 길을 찾기 위해 개구멍을 빠져나가는 것처럼
이민이란 명목으로 도망쳐가서

호의호식하고 있는 이들이야말로
도둑치고 그들보다 더 큰 도둑이 없을진대
법정에서는 어찌된 탓인지
이들의 죄를 단죄하기는 커녕
천벌을 받아도 시원치 않을
큰 도둑놈들에게는 오히려
그것이 국가를 위한 위대한 공훈으로 치부되어
만인이 부러워하는
관리자리를 얻게 되는 반면에
송사리떼들은 감옥으로 들어가서
석가모니 불상처럼 가부좌를 틀고 앉아
손을 무릎 위에 올려놓고,
참선을 하고 있는 자세로
묵상을 하고 있다는 것입니다.

막 장

여기는 지하 800미터입니다.
깊고도 어두운 막장에서
눈 끝에 남은 잠을 털어내지 못한 채
악을 바락바락 써가며
석탄을 파내고, 동바리를 칩니다.
비록 일이 힘들기는 할지라도
우리들의 이 한푼벌이가
조국에 전해져
부모님을 위하고,
형제들의 학비를 충당하거나
조국의 앞날에 영광된 번영을 이룩할 수 있는
초석이 된다면 더 이상 바랄 것이 없기 때문에
인내하는 마음으로 참고, 견디면서
기꺼이 석탄을 파내고, 동바리를 칩니다.

증 오

벌들은 꽃을 찾아서 꿀을 모으기에 바쁩니다.
부지런히 일하는 개미떼들의 세계나
새들이 날아와서 농부들이 애써 지어놓은
곡식을 쪼아먹거나
사자나 호랑이가 약한 짐승을 잡아먹고,
구렁이가 토담집을 넘나들고,
고양이가 쥐의 옆구리를 할퀴는 것과
쥐구멍에서 고개를 내밀고,
요리조리 수서양단을 하는 쥐들이
주인이 없는 틈을 타서 몰래 부엌으로 들어가
사람들이 먹고, 남겨놓은 밥을 훔쳐 먹는 것도
역시 배가 고픈 까닭에
자신들의 생존을 위해 일하는 것이나
다름이 없다는 것입니다.
사람도 역시 배가 고파 환장할 지경이면
북망산천을 가는 것 보다는
남의 집에 들어가 밥이라도 좀 훔쳐먹고,
좀 더 살다가 가게 되는 것이
더 바람직한 일이기 때문입니다.

하늘의 별을 따기 위해

동서고금을 막론하고,
영웅호걸이란 너울을 뒤집어 쓴
악마의 무리들은
마치도 하늘의 별이라도 딸 것처럼
천군만마를 거느리고,
신성한 자연을 피로 물들이며
눈 하나 까딱하지 않은 채
사람을 초개처럼 죽이게 되면
그것이 위대한 공훈으로 인정되어
훈장을 받고, 충신이 되는 것은
동서고금 유사 이래 변함이 없습니다.
하지만 정의에 목마른 배고픈 사람들이
자신들의 생존을 지켜내기 위해
배고파서 못살겠으니 갈아보자고,
들고 일어나 그들에게 대항을 하게 되면
나라와 민족을 배신한 반역자가 되어 처형을 당합니다.
거기따라 악인은 악의 길을 가기 위해
푸른 방초를 짓밟고,
악의 꽃을 마음껏 피웁니다.
그리고 신을 믿는 자들은 무슨 죄가 그리도 많기에
어두컴컴한 제단 앞에서
무릎을 꿇고, 구원을 달라고
아무 것도 없는 텅빈 허공을 향해 몸부림을 치면서
자신들을 한시바삐 극락이나
천국으로 데려가 주기를 학수고대하고 있습니다.

하지만 하룻강아지 범 무서운 줄도 모르고,
날고 뛰는 그런 허망한 재주는
날아봤자 파리요
뛰어봤자 벼룩의 신세일 뿐
허무는 결국 허무로 돌아가
세상에 남는 것은 빈껍떼기 밖에 없다는 것입니다.
왜냐하면 태초 이래 제 아무리 통빼는 재주를 가진 사람일지라도
신의 모습을 본 사람은 하나도 없고,
다만 실체가 없는
환상이나 부르짖으며
몸부림을 치다가
자신들이 본래 왔던 고향으로 돌아가
흙을 두껍게 덮고 누워있기 때문입니다.

연약한 생명들

권력자들과 종교가들은
사람들 위에 군림하여
미친 놈들처럼 눈을 부릅뜨고,
피묻은 칼날을 사정없이 휘둘러 댑니다.
그들은 마치도 하늘의 계시라도 받은양
자신들의 말에 따르지 않으면
신께서 벌을 내려 지옥불에 던져질 것이니
그런 줄이나 알고 까불지 말라고,
잔뜩 공갈을 쳐대며 겁을 주고 있습니다.
하지만 나는 조금도 겁날 것이 없습니다.
왜냐하면 그들은 초인도 아니며
하늘이 내려보낸 거룩한 천사도 아니며
강대국들이 부려먹는 꼭두각시들이나 다름이 없기 때문에
나의 마음 속에서는 언제나
이들이 자행하는 인권말살이나
자유를 억압하고, 학살을 자행하는 것은
정의와 양심을 배반하는 짓이기 때문에
나의 이성은 능히 이들의 기만술수를 제압하고도
남음이 있기 때문입니다.

팔 일 오

예측할 수 없을 정도로
나라를 잃고 헤매면서
수 없이 많은 고통 속에서 방황하기를
어언 반세기
울 수 있는데까지 울면서
온 민족이 그토록 애타게 염원하던 팔일오 해방입니다.
이 날이 오면 새로운 나라가 놀라운 모습으로
탄생하여 그동안 잃어버렸던
우리의 역사를 되찾고,
영원히 외세의 속박에서 벗어나
모든 국민이 배를 굶지 않고,
무궁토록 자유를 누리며
잘 살기를 간절히 원했기 때문입니다.
그래서 해마다 이 날이 오면
국민들은 너나 없이 달콤한 희망에 숨쉬며
집집마다 태극기를 꽂아놓고,
애국가를 부르며 고삐풀린 소처럼
길길이 날뛰면서 보무도 당당하게
시가행진을 하면서 목이 터져라
만세 만세 또 만세
하늘 끝까지 사무치는 음성으로
아무리 외쳐대도 시원치 않을만큼
또 다시 만세를 부릅니다.
하지만 나는 이 날이 오면
마치도 상을 당한 사람처럼

텅빈 껍떼기 위에다
조기를 달고, 조가를 부르며
눈물을 뚝뚝 흘립니다.
왜냐하면 겨레의 피를 빨아먹던
이리떼들은 물러갔지만
아니땐 굴뚝에 연기가 날까
우리 민족의 비극적인 운명과는 관계없이
웬걸 또 다른 강도들이 몰려들어
이 땅이 누구의 땅이관데 지네들 마음대로
우리의 살을 갈갈이 찢어먹기 위해
산 채로 도마 위에 올려진 신세가 되었기 때문입니다.
물론 남북한에 걸쳐 국호가 있어서
망국보다 약간은 위로가 될 때도 있기는 합니다만
남북한에 걸쳐 세워놓은 반쪽짜리 정부들은
이승만이나 김일성이가 누구 혼자 독립운동을 해서
세운 자주정부가 아니고,
어찌 보면 주인만을 바꾼
허울 좋은 힘있는 나라들이 우리의 땅과 숲과 강을 훔치기 위해
말을 잘 듣는 앞잡이들을 시켜서
붙여놓은 허울 좋은 개살구에 불과할뿐
하나의 한국은 어디에 있는지
나는 당최 그 곳을 찾을 길이 없기 때문에
도대체 이 땅의 주인이 누구관데
자기들끼리 편을 갈라 가지고,
민족의 태양이니, 영도자니, 뭐니 하면서

국민들을 우롱하고 있는지
내가 해마다 이 날이 오면 피눈물을 흘리면서
서로가 잃어버린 반쪽 땅은 언제나 찾을 수가 있을는지
역사의 뒤안길로 사라져버린
한이 맺힌 민족의 조가를 부르면서
하나밖에 없는 이 땅을 또 다시 뺏기고,
굴욕을 끌고 다니는 종놈의 신세가 된다면
망국민의 공동묘지는 과연 어디쯤이나 될는지
나는 오늘도 불길한 꿈 속에서
목마름에 허덕이는 나무들처럼
심한 갈증에 허덕이면서
탄식하며 불어오는 바람 속에다
조국의 한을 띄워보내고 있습니다.

푸른 바다의 물결은

푸른 바다의 물결은 너무도 잔잔해서
문자 그대로 평온하기가 이루 말할 수 없는 것이
마치도 세상의 모든 평화가 한곳으로
집결한 것처럼 보이기도 합니다.
하지만 가끔가다가
바다의 물결이 격노를 할 때면
삽시간에 산더미같은 파도가 밀려와
약한 짐승을 잡아 먹으려고,
미쳐 날뛰는 성난 사자처럼 발광을 하는 것이
마치도 세상을 송두리째 집어삼킬 듯이
위력을 과시하는 것을 보노라면
마치도 하늘이 노해서
서로 속이고, 시기하고,
자만에 차있는 인간들에게 꾸지람을 주기 위해
혼내주는 채찍의 역할을 수행하는 것처럼
보이기도 합니다.

욕

세상에는 참으로 욕도 많습니다
어린 것들이 상하를 몰라보고,
버릇없이 실례되는 말을 하거나
돈을 받고 일하는 사람이
한눈을 팔면서 농땡이를 친다면
주인으로부터 욕을 먹게 되는 것처럼
개인적으로나 국가적으로 비난받을 짓을 했다면
당연히 욕을 먹게 되는 까닭은
욕이란 역시 씹으면 씹을수록 맛이 나기 때문에
돈 많은 자들이 큰소리를 뻥뻥 쳐대며
억눌린 자들을 무시하거나 세상이 하도 개판으로 돌아가고,
사람마다 하는 일이 마음대로 안될 때는
시대와 장소에 구별을 두지 않고,
아니꼽게 놀면서 떠벌리기를 좋아하는
망나니들의 뒤꽁무니를 졸졸 따라다니며
속이 후련하도록 혼내주는 채찍의
역할을 충실이 수행하는 것을 볼 때마다
욕이란 역시 무게는 없을지라도
세상을 짓누르는 막강한 힘을 발휘하기 때문에
법이나 권력을 초월하여 거짓을 말살하고,
진실을 대변해주는 만고불변의 진리가 되기도 하는데다
천국이나 극락을 찾으면서 헛소리로
사람들을 기만하는 종교단체나
야수의 잔인성 보다도 더 참혹하게
독립군들을 잡아들였던 일본군인들이

쿠데타를 일으킨 후 정권을 잡고 미국에게 혼날까봐
도둑이 제 발 저린 격으로 미리 겁내가지고,
반공의 광기에 골수가 사무쳤던 나머지
반공을 국시에 제일 위로 삼았던
스네이크 박이 자신의 영구집권을 위해
국민을 기만하고, 법을 맘대로 뜯어고치고,
반대하는 국민들의 자유와 인권을 억압하고,
국민의 뜻에 따라 민의를 반영해도 시원치 않을 판국에
아니땐 굴뚝에서 연기가 날까 망령된 생각으로
궁정동 안가에서 진시황을 비롯한
의자왕이나 연산군을 무색하게 할 정도로
서시나 양귀비를 비롯한 달기가 질투하고도 남을 정도로
미모가 아름다운 여대생들이나 여배우들을 비롯한
유부녀들을 데려다가 부처의 좌우보처처럼 양 옆에 앉혀놓고,
홍청망청 황음무도한 주색에 빠져 술타령을 하다가
부하의 총탄에 죽은 독재자였기 때문에
제 아무리 무능하고, 멍청한 바보, 천치라 할지라도
돈만 많으면 유권자들을 돈으로 매수하여 대통령이 될 수 있는
작고, 고립되고, 탐욕자가 다스리는
집단적인 정신분열증으로 인해
진실은 땅에 떨어져 신뢰는 빛을 잃고,
불의가 판을 치고 있는 것은
세계의 역사상 전무후무한 일로서
오로지 한반도의 남과 북에서와 같이
구석구석이 썩어서 쥐들이 판을 치는 나라에서

역사의 물줄기를 바꿔놓을 수 있는 유일한 길은
다만 욕밖에 없기 때문입니다.
하지만 욕으로서 남의 허물을 들춰내는 것은
입만 더러워지는 일이기 때문에 나는 여러분에게까지
욕을 하라고 권하지는 않겠습니다.
하지만 기왕지사 사내대장부로 세상에 태어난 이상
쥐꼬리만한 이익 앞에서 옳고 그름이 뒤집어지고,
눈앞의 권세가 진리처럼 되어버린 부패한 시대에
살아생전에 간을 빼먹어도 시원치 않을
온갖 괴물들이나 악마, 두려움, 망상투성이들이
협잡을 일삼으며 둥둥 떠돌아 다니면서
인권 알기를 개같이 취급하는 시대의 아픔 속에서
욕마저 못하고 죽는다면 너무도 분해서
이 한을 어디다 대고 풀어야 할지
끓어오르는 비등점을 더 이상 가누지 못한 채
나는 오늘도 야수들이 판을 치는 세상을 향해
참으로 더러워서 못살겠으니 갈아보자고,
이빨을 득득 갈아대며
침을 뱉는 선지자가 되고 말았다는 것입니다.

용의 형상

세상 천지 어느 곳을 막론하고,
권부나 종교의 허무한 망상에
도취된 자들은 민중들 위에 군림하여
구렁이 제 몸 추듯
스스로 귀하신 몸을 자처하며
마치도 하늘이 내린 귀인의 풍골처럼 흉내를 내고 있습니다.
그들의 공통점은 마치도 똥이 눈에 보이면
대뜸 달려들어 핥아먹는 탐욕스런 똥개와도 같아서
눈에 뵈는 것이면 이것도 내것
저것도 다 내것이라고 우기면서
하늘 끝까지 뻗쳐오르는
탐욕을 추스리지 못한 채
모두 다 뺏어다가 곳간에 쌓아놓고
자자손손 대대로 물려주는 것은
동서고금을 막론하고,
시대의 좋고 나쁨을 초월해서
나름대로 수법을 쓰는 것도 각양각색입니다.
어떤 자들은 쥐구멍에다 고개를 내밀고,
수서양단하는 쥐새끼처럼 기회를 노립니다.
혹은 뱀처럼 짚동가리 속에서
배를 쭉 깔고 엎드려
팔자 좋은 개양반처럼
게으름을 부리며
손가락 하나 까딱하지 않고서도
세상의 모든 부귀영화를 공짜로 누립니다.

그리고 또 어떤 자들은
눈에다 쌍불을 켜고
여의주라도 좀 얻어서
하늘로 올라가
옥황상제나 여호아나 석가모니나 알라의
발때라도 씻겨주는 행운이나
좀 얻어볼까 하고,
허망한 꿈을 꾸기도 합니다.
하지만 이들도 역시 사람의 탈을 쓴
동물에 지나지 않기 때문에
삶의 한계를 넘어서지 못한 채
속속들이 관으로 들어가
흙을 두껍게 덮고 누워있는
신세만큼은 변함이 없다는 것입니다.

화산이 터지면

화산이 터지고,
지진이 일어나거나
사나운 폭풍우가 휘몰아 치면서
해일이 밀려와 온통 물바다가 되는 날이면
마치도 지구에 종말이 온 것처럼
온 들판과 마을이 쑥대밭이 됩니다.
하지만 이런 천재지변은
인간의 탐욕으로 인해
일어나는 인재지변과는 달리
나라의 강약이나 인종을 비롯한
왕이나 양반 상놈
유무식에 차별을 두지 않고
사상과 이념과 종파를 초월하여
고루게 재판을 합니다.

고기굽는 냄새

고기굽는 냄새는 사람뿐만이 아니고,
개나 고양이를 비롯한
그밖에도 육식을 즐겨먹는 짐승이라면
그것이 비록 자신의 족속에
속하는 살점 일지라도
환장을 하게 만드는 매력을 지니고 있습니다.
그래서 만물의 영장이라 자부하는
인간들 역시도 그 맛을 즐기기 위해
전지전능한 신에게 꼬리를 치면서
민중의 재산을 빼어먹거나
제국주의자들은 자유와 평화의 가면을 쓰고
약한 나라로 쳐들어 가서
그들을 잡아먹게 해달라고
비대발괄을 하는 것은
어제나 오늘의 일이 아니고,
현재도 착실히 진행되고 있으며
앞으로도 인류가 멸망하지 않는 한
한치도 변함없이 계속될 것입니다.

덕스러운 삶이란

덕스러운 삶의 가치는 행복이라고,
사람들은 곧잘 말합니다.
하지만 그것이 그리 쉽게 찾아오는
행운의 선물은 아니라는 것입니다.
왜냐하면 진정한 행복은 언제나
싱그러운 꽃처럼 청순한 마음으로
자신의 양심을 조금도 속이지 않고,
남들에게 헌신하는 과정을 통해서만이
비로소 얻을 수 있는 자비의 꽃이기 때문입니다.
하지만 오늘날 보는 바와 같이
권력자나 부자나 부강한 나라들이나
사랑과 평화를 외치는 종교인들도
인간의 순수한 가치를 무시하고,
약자를 구렁텅이 속에다 빠뜨려놓고,
자신의 즐거운 행복을 유지하기 위해
그들의 재물을 뺏어다가 취해서 얻은 만족을 가지고,
피묻은 입술을 날름거리며
기껏해야 먹고, 싸고, 마시면서
향락하며 즐기는 것을 행복이라 말하고 있습니다.

머슴살이

사유재산은 신성하기 때문에
어느 누구도 감히 침범할 권리가 없다는 것에 대해서는
전적으로 찬성을 하는 바입니다.
하지만 백성들이 대대로 물려받은 땅을
왕이나 탐관오리들이나
독재자가 권력으로
부자가 돈으로
놀고 먹는 좀벌레들이나
스님이나 목사들이 석가나 예수를 빙자하여
극락이나 천국이나 지옥을 들먹거리며
묘하게 겁을 주면서 사기를 쳤다든지
전쟁을 해야만 먹고 사는 강대국들이 쳐들어와서
강제로 빼앗은 것이거나
그들에게 개꼬리를 치는 바람에
하사를 받은 친일파들이 불법적으로 탈취한 땅이라면
당연히 그들의 재산을 몰수해서
본래의 주인들에게 다시 돌려줘야 한다는 것에 대해서는
별다른 이유를 제기해서는 안된다는 것입니다.
하지만 세계의 역사를 통해서 보는 바와 같이
어느 나라를 막론하고
자신들의 조상이 워낙 미련해서 자주적으로 역사를 이끌어가는
창조정신을 결여한 나머지
놀부같은 심술꾼들이 몰려와
부정한 방법으로 땅문서를 자기들 것으로
살짝 바꿔치기를 해놓고,

눈 가리고 아웅 하는 바람에
본래 주인의 아들은 상속의 권리를 상실하고,
송곳 하나 꽂을 땅도 없이 종놈의 신세가 되어
저들의 압제 밑에서 휘초리를 맞아가며
밥이나 겨우 얻어먹고 살아가는 종이나
다름이 없다는 것에 대해서도
별다른 이유를 제기해서도 안된다는 것입니다.
어느 정도 세월이 흘러가
그것은 본래 너희 조상이 물려준 땅이니까
다시 찾아야 한다고,
남들이 옆에서 귀띔을 해주는 바람에
이제는 어느 정도 귀가 좀 뚫려 가지고,
낫 놓고 기억자 정도나
지게를 받혀놓고, A자 정도는 알고 있는
까막눈의 상태에서 벗어났기 때문에
세상을 좀 볼 줄 아는 혜안이 열려서
도로 찾는 방법을 강구해 보기 위해
이리저리 찾아다니며 제법 똑똑한 척을 하면서 항의를 해봅니다.
하지만 동서고금을 막론하고,
약자들에게 돌아오는 것은
이미 끝난 것을 가지고,
왜 그렇게 설치고 다니는지 모르겠다며
저 자식이 혹시 좀 돌지 않았느냐는 둥
머리에다 손가락 표시를 해가면서
미친놈 취급을 당할 수밖에 다른 도리가 없다는 것입니다.

그래서 또다른 방법을 강구해 보기 위해
약자의 편에서
정의와 양심의 회초리를 쥐고서
고르게 재판을 한다는 법정을 찾아가
호소를 해봅니다.
하지만 증거가 없다는 이유로 관리나
친일파의 손을 들어주는 바람에
혹시 만에 일이라도
신통력을 가지고 있다는
예수나 석가모니가 약자의 편에서
좀 도와주지나 않을까 하는 애타는 심정으로
절이나 교회를 찾아가
그들의 제단에다
재물을 가득히 쌓아놓고
눈물겨운 말로 간절히 기도를 올리거나
불공을 드리기도 합니다.
하지만 거기에 대한 응답은 역시 소 잃고,
외양깐 고치는 격으로
말짱 헛일로 그치고 맙니다.
왜냐하면 그들의 응답은
증거가 될만한 증빙서류나
조상의 유언장도 없는 주제에
그런 개소리들을 둘러대려면 자신들의 문전에
다시는 얼씬도 하지 말라고
꾸지람을 주기 때문이지요.

그도 그럴 수밖에 없는 것이
그들도 역시 겉으로는 사랑과 평등을 말하면서도
인간의 구원을 내세우며
약자의 편에서 도와준다는
종교적 교리가 말해주듯이
양심에 거리끼는 바가 없지도 않아서
약자들의 편을 들어 주고 싶기는 하겠지요.
하지만 오늘날 보시는 바와 같이
그들은 이미 부자들이나
종교거간꾼들이나 강대국가들이나
그들의 조종을 받고, 움직이는 앞잡이들에게
세상의 모든 재산을 사고도 남을만큼
배가 터지도록 뇌물을 받아먹은 탓에
배가 아기를 밴 것처럼 똥으로 가득찬 나머지
남산 봉우리 처럼 불쑥 튀어 나와서
하나도 아쉬울 게 없는지라
괜히 정의와 양심을 찾으며
약자들의 말을 들어줘봐야
생기는 것이 쥐뿔도 없기 때문에
배만 고플뿐 별 볼 일이 없는지라
그들과 한통속이 되어 가지고,
원수를 사랑하고 서로 화목하게 지내면서
재물에 욕심을 버려야만
죽어서도 천국이나 극락을 가서 영생토록
복락을 누리며 살 수가 있는 것이려니

참고, 참고, 또 참고,
참을 인자가 셋이면
살인도 면하게 되어
만복이 굴러들어오는 근원이 된다고,
이런둥 저런둥 하고,
정의와 양심을 묘하게 왜곡시켜
약자를 달래주는 사기술이
귀신의 뺨을 칠 정도로 아주 출중하게 뛰어나서
이 세상에서는 신이 아닌 이상
그들의 말을 따라갈 장사가 하나도 없기 때문입니다.
그래서 오늘날 보는 바와 같이
땅 짚고 헤엄치기 식으로 신을 빙자한 교회나 절이나
각종 사이비 종교집단들이 하늘 높은 줄도 모르고
우후죽순처럼 퍼져나가고 있는데다
끊임없이 우리의 국토를 유린하기 위해
미쳐 날뛰는 이데오르기 제국주의자들은 평화나
경제건설이란 미끼를 던지면서
배신과 복수, 복종과 파탄을
우리에게 끊임없이 무진장으로 안겨주면서
송충이가 솔잎을 먹듯이
우리의 국토를 야금야금 먹어가고 있는데도
우리들은 마치도 꿀먹은 벙어리처럼
말 한마디 못한 채 세월이 흘러감에 따라
두고두고 어리석은 바보 취급을 받으면서
천하의 웃음거리가 되고 있는 것입니다.

야 경 꾼

딱 딱 딱!
통금이 넘어서
야경꾼들이 딱따기를 치면서
야경을 돌게 되면
도둑들은 겁이 나서 도망을 칩니다.
거기따라 사람을 잡으러 왔던 염라대왕의
사자들도 슬그머니 꼬리를 감춥니다.
그리고 사람이 죽은 후에
천국이나 극락의 망상을 꿈꾸는 사기꾼들은
낙원에서 추방당한 아담처럼
어리벙벙한 먼산바라기가 되거나
겉으로는 애국을 운운하며
온갖 권모술수를 다 써가며
국민을 착취하는
권력자들의 탐욕어린 얼굴은
불꺼진 잿빛이 되어
도둑질하는 손버릇은 겁을 먹고,
멈칫을 합니다.
이것이 바로 내가
인간의 정신과 재물을 훔치려고
미쳐 날뛰는 간악한 도둑놈들의
음침한 야욕을 지키기 위해
딱따기를 치게 되는 까닭이
바로 여기에 있습니다.
왜냐하면 행동하는 주체가

자신들의 정체성을 상실하고
남에게 의존을 하게 되면
소가 되고, 돼지가 되고, 개가 되어
남들에게 이끌려 다니는
종의 신세로 전락해 버리기 때문입니다.

가 식

동서고금을 막론하고
사람들이 가축을 치는 것은
결코 이뻐서가 아닙니다.
장차 키워서 일을 부려먹다가
집안에 무슨 경사가 있을 때는
잡아먹기 위해서입니다.

마녀가 히쭉거리면서
아름다운 피리의 여운으로
사람들의 마음을 유혹하는 것은
결코 이뻐서가 아닙니다.
음산한 곳으로 꾀어내어
피를 빨아 먹기 위해서입니다.

종교인들이 사람들에게
하나님을 들먹거리며
천국이나 극락을 운운하며
달콤한 말로 슬슬 구슬려대는 것은
결코 이뻐서가 아닙니다.
그들의 재산을 털어다가
자신들의 왕국을 짓기 위해서입니다.

정치꾼들이 선거 때마다
나라를 위하는척 하면서
국민들을 위해

무슨 큰일이라도 할 것처럼
갖가지 헛소리로 애국을 들먹거리며
충실한 일꾼이 되겠다고
서약을 하는 것은
결코 이뻐서가 아닙니다.
개눈에는 똥만 보인다고
자신들이 장차 권력을 쥐게 되면
당신의 재물을 갈취해 먹기 위해
당신들의 눈과 귀를 어지럽히고 있는 것입니다.

부강한 나라들이 민주주의 세계평화,
경제건설 운운하며 원조를 주겠다고,
그럴 듯한 말로 슬슬 구슬려대는 것은
약소국가들이 결코 이뻐서가 아닙니다.
우선은 살을 잔뜩 찌게 만들어 놓은 다음
대를 이어 가면서 고기맛을 즐기기 위해서입니다.

탐욕의 나열

사람들은 고독을 달래기 위해
술을 마시고, 거나하게 취하게 되면
하늘이 돌짝만해져 가지고, 제 위에는 사람이 없는듯
비틀걸음을 걸으면서 지나가는 사람들을 향해
눈을 후벼뜨고, 괜히 헛소리를 해가면서
시비를 걸어오고 있습니다.
그리고 거리의 깡패들은
사람들이 지나가면 야! 임마 이리 와봐! 라고 겁을 주면서
눈깔을 부릅뜨고 칼을 들고 위협을 해가며
주머니를 모두 뒤져서 금품을 털어가는 만용을 부립니다.
거기에 더할세라 권력자들이나 종교거간꾼들은
벼룩의 간이라도 빼서 먹일듯이
피묻은 입술을 날름거리며 땅 짚고 헤엄치기 식으로
국민의 재산을 갈취하기 위해 혈안이 되어 있는 까닭은
인간이란 동물은 상하고하를 막론하고
자신들이 태어난 환경에 따라
애비가 시키는대로 선을 행하며
남들에게 헌신하는 사람들도 없지는 않겠지만
대개는 탐욕의 나열 속에서
깝죽거리는 망나니들이나 다름이 없기 때문입니다.

사 막

사막에는 오로지 작열하는 태양만이
내리쬐고 있을 뿐입니다.
거기따라 한포기 풀은 커녕
공중을 날으는 한마리의
새마저도 찾아볼 수가 없는 것이
마치도 하늘에서 독이라도 뿌려놓은 것처럼
섬뜩한 느낌을 더해주고 있는데
삭막하기 그지 없는 황량한 사막에서 길을 잃고,
방황하는 사람들이
굶주림에 지쳐서 쓰러지기라도 할라치면
어디선가 한무리의 독수리떼들이 갑자기 나타나서
점쟁이 보다도 더한 선견지명으로
이미 그렇게 될 줄을 알았다는 듯이
마치도 염라대왕의 명을 받은 심부름꾼이라도 되는양
그들의 시체를 찍어먹기 위해 군침을 흘리며
깍깍 하고, 불길한 소리를 연달아 질러대며
의기양양한 모습으로 새까맣게 몰려오는 것을 볼라치면
천하에 두루 펴져 있는
동물들이 비록 생긴 모습은 다를지라도
육신만큼은 살과 피로 되어 있기에
본능적으로 눈 감으면 코 베어가는
인간세상과 별반 차이가 없다는 것을
실감나게 느낍니다.

〈1978년 10월 캘리포니아 모하비 사막에서〉

시에 대해서

그대는 과연 참된 시인이 되기를 원하십니까?
정녕 그렇다면 먼저 당신의 마음 속에 깃들어 있는
탐욕과 거짓을 버리고
인간의 순수한 향기가 우러나오는
사랑과 평화의 정신으로 무장을 하시고,
삶에 지친 인간들의 고통을 치료해 주는데
헌신의 날개를 활짝 펼쳐 달라는 것입니다.
왜냐하면 시란 것은 인간의 본질에 바탕을 둔
진실 그 자체이기 때문에 감옥에 갇힌 죄수가
그것을 읽고 자신의 죄를 뉘우치게 하거나
권력자나 종교인들이 탐욕을 버리고,
고통받는 사람들과 희노애락을 함께 나눌 수 있는
삶의 촉진제가 되어야 하기 때문입니다.
하지만 굽힘없는 절개로서
세상의 모든 유혹을 뿌리치고,
옳고 그름을 정확하게 가려내는 것은
결코 쉬운 일이 아니라는 것입니다.
왜냐하면 인간이란 너울을 뒤집어 쓴 동물들은 대개가
눈앞에 보이는 물질의 욕망이나
권력이나 명예에 얼이 빠진 나머지
진실을 미워하는 동물의 본능을 지니고 있기 때문에
시가 마치도 향락적인 사치품이라도 되는양
떠들썩한 디스코텍에서
추어대는 고고춤이나
술주정뱅이의 헛소리나

무당의 넋두리나
양반들의 기생타령이나
섹스나 유행가나
괴이한 언어의 속임수로
자신들에게 만족한 웃음을
선사해주는 불합리하고, 사악한
괴상망측한 궤변에 취해서
시인의 양심적인 창조물을 거만하게 깔보는
동물의 본능을 지니고 있기 때문입니다.

굴곡진 삶으로

사람들은 저마다 자신들이 태어난 환경에 따라
나름대로 삶의 길을 갑니다.
그러니까 다 같은 사람으로 태어났을지라도
하늘이 내린 사람이라고,
거룩한 흉내를 내면서
각설이타령을 하는 사람들이 있는가 하면
어떤 이는 구중궁궐에서
손가락 하나 까딱하지 않고서도
귀족대우를 받으며 평생동안 놀고 먹는
식충이들이 있는가 하면
누구는 양반으로 태어나 뒷짐을 지고
수염을 쓰다듬으며 빈둥빈둥 놀고 먹는
좀벌레들이 있는가 하면
누구는 무슨 놈의 죄가 그리도 많기에
종놈으로 태어나 자유도 잃은 채
일생동안 뼈빠지게 일을 하여도
종살이 신세를 면하지 못한 채
온갖 천대와 구박을 받다가 죽는다는 것과
예수나 석가에 미치면 부모도 몰라본다는
광신도들은 어두컴컴한 사원에서
허무한 환상의 세계를 향해
제발 복이나 좀 많이 내려주시고,
죽어서도 천당이나 극락에 가서 영생을 누리며
살게끔 해달라고, 고래고래 소리를 질러대며
하늘에서 돈벼락이 거저

떨어지기를 학수고대하고 있습니다.
하지만 당신들이 만들어놓은
신은 벙어리가 되었는지
아무런 대꾸도 하지를 않습니다.
자신은 아무 것도 가진 것이 없으니까
곡식은 씨를 뿌리고 가꿔줘야만
거두어 들일 수 있는 것인만큼
게으름을 부리며
놀고 먹는 베짱이가 되지 말고,
개미처럼 부지런히 일을 해서
돈을 벌라고 암시를 주는 것이겠지오.

꿀꿀이 죽

참으로 창피스런 이야기가 되겠지만
육이오동란 때는 꿀꿀이 죽이란 것이 있었습니다.
그러니까 쉽게 말해서 그것은 미군들이 먹다 남은
음식물 찌꺼기를 짬뽕통에다 담아놓은 것을
그것을 치우는 사람이 집으로 가져가
물을 좀 붓고 끓인 것을
한그릇에 30원을 받고 내다파는 것이니까
두말할 나위 없이 돼지들이나 먹는 꿀꿀이 죽이라고,
해야 적합한 말이 되기 때문입니다.
하지만 난리통에 피아가 갈릴 때마다
총칼로 무장한 군인들이 들어와
닭이나 돼지를 비롯한 눈에 뵈는 것이면
닥치는대로 빼앗아가고, 부녀자들을 겁탈하는 바람에
사람들은 너나 없이 오금이 저릴 정도로 공포에 질린 나머지
마치도 염라대왕 앞에선 가련한 영혼처럼
온몸을 사시나무 떨듯이 벌벌 떨어가며
달라면 주고, 빼앗으면 그냥
속수무책으로 저희들이 하는대로
군소리없이 식량을 모두 빼앗기는 바람에
아무 것도 나올 게 없는 비참한 상태 속에서
오랫동안 먹지 못해 환장한 사람들은
그래도 목구멍에 풀칠을 해서라도 더 살아야 했기 때문에
소나무껍질이나 솔잎을 비롯한
칡뿌리를 캐먹는 등 각종 초근목피로
연명하는 바람에 똥구멍이 찢어질 정도로

막히는 사람들도 있었으나
더러의 사람들은 방앗간에 가서
새들이 즐겨먹는 왕겨를 몰래 훔쳐가
죽을 쒀서 먹고, 설사를 하는 사람들도 있었으나
그 중에서도 백줄깨나 좀 있다 하면,
똥폼을 잡으며 우쭐대는 사람들은 미군부대에서 나오는
꿀꿀이 죽의 고소한 냄새에 흠뻑 취해 가지고,
어디 나도 좀 한번 먹어보자고,
고래고래 소리를 지르면서
간혹 그것을 먹다가 담배꽁초나 이쑤시개를 비롯한
냅킨 같은 것이 나오기도 했지만 혹 가다 고기조각이라도
발견되는 날에는 마치도 하늘에서 금싸라기라도 떨어진양
얼씨구나 하고, 먹었던 것을 돌이켜 생각해 보노라면
우리 민족이 왜 그렇게 곤궁한 삶을 살아야 했었는지
만약 지옥이 있다면 이와 비슷했을 만큼
그 광경은 실로 처참했기 때문에 다같은 동포 형제로서
이렇게도 불쌍한 사람들에 대한 생각을 해보는 자체만으로도
어찌 눈물이 홍수처럼 넘쳐나지 않을 수가 있겠습니까?

독사들의 행차에

욕심 많은 왕이나 탐관오리들이 행차를 할 때는
언제나 되먹지 못한 쥐새끼들이
앞장이나 뒷장을 서서 요란하게 북을 두드리고,
나팔이나 새납을 불어대며 설치고 다닙니다.
그들은 서로가 약속이나 한듯이
살짝 공갈만 쳐도 돈이 잔뜩 들어 오는데
뭣하러 뼈빠지게 일을 하냐며
나만 잘 먹고 잘 살면 됐지
남들이야 알 게 뭐냐고 서로 입을 맞춰가면서
킬킬대고 웃어대며 힘없는 백성들을 잡아다가
그리스 신화에 나오는
프로그로스테스란 이름을 가진 도둑놈처럼
제멋대로 사람의 몸을 침대길이에 맞춰
자르거나 늘리기도 합니다.
그리고 때로는 신발에 맞춰 발을 깎아내거나
장갑에 맞춰 손가락을 잘라내기도 하는
끔찍한 살인의 퍼포먼스를 자행하기 때문에
그들은 구하기를 원하는 것이면 얻지 못할 것이 없고,
하고자 하는 바를 이루지 못할 것이 없습니다.
하지만 그들도 역시 사람의 탈을 쓴
꼴사나운 동물에 지나지 않기 때문에
때가 되면 오줌이나 질질 싸대다가
숨이 끊어지면 속속들이 관 속으로 들어가
흙을 두껍게 덮고 누워있는
신세만큼은 면할 길이 없다는 것입니다.

신이 하늘에다

신이 무궁한 하늘에다 인간들을 위해
영원을 회전하는 천국이나
극락을 지어 놓았으니
죽어서도 걱정할 것이 없다고,
교인들이나 스님들은 한결같이 말장난을 즐깁니다.
정녕 하늘의 뜻이 그러할진대
천국이나 극락을 지상에다 지어서
험난한 갈등의 요새에서
가난에 허덕이며 죽지 못해 살아가는 인간들이
삶의 속박에서 벗어나
잠시만이라도 맛을 좀 보게 하다가
죽게 할 일이지
어째서 인간이 꼭 죽어야만이
갈 수가 있다는 텅빈 허공에다
기둥도 받치지 않은 채
천국의 궁전을 지어 놓았다는 것인지
혹시 허물어져서 세상이
모두 파괴되지나 않을까 걱정이 됩니다.

미지의 나라

하늘이라는 허공의 나라에서는
하느님이라고 일컬어지는
전지전능한 존재가 계셔서
모든 만물을 평등하게 주관하시며
세상의 역사를 이끌어 가신다는 말들은
경건한 너울을 뒤집어 쓴 자나
유식한 체를 하는 자들의 입버릇을 통해서
귀가 따갑도록 듣기는 하였습니다.
하지만 나는 이 세상에 태어난 이후로
아직까지는 그런 기적의 흔적을 눈곱만치도
본 적이 없다는 것입니다.
다만 내가 이 두눈으로 똑똑히 본 것과
두귀로 똑똑히 듣고 느낀 것은
맹종과 맹신을 부추기는
사이비로 가득찬 창고나 다름없는
교회나 절들이 날이 가면 갈수록
우후죽순처럼 솟아나고 있다는 것과
권력자들은 저마다 돈독에 올라
눈이 시뻘게져 가지고 수단과 방법을 가리지 않고,
민중의 재산을 갈취해서 부귀영화를 누리거나
하느님은 항상 선하고 약한 자의 편이라고 했는데
유사이래로 빈곤한 자들의 편에 서서
편들어 준 적은 한번도 없었고,
항상 강한 자의 편이되어
강자가 약자를 짓밟고 짓이기는 것과

인간의 잔인한 역사에서 보는 바와 같이
사람을 죽이는 만행을 저질러 놓고도
눈 하나 깜짝하지 않은 채
하느님의 뜻대로 어쩔 수 없이 지옥으로 보냈다고,
핑계를 대는 인류의 영원한 도둑들이나
살인자들이 눈을 뒤집어까고,
약소국들을 짓밟고,
비틀고, 또 자꾸만 비틀어도 나오지 않으면
다시 또 기름을 짜듯이
자원을 약탈해가고 있는데다
모두가 하나같이 신의 사도라도 되는양
신이 하지도 않은 말을
진짜로 한 것처럼 비슷하게 꾸며서 덧붙이거나
연보돈을 많이 내지 않으면 제 아무리 선한 일을 많이 하고
교회를 한번도 빠지지 않고 열성으로 나왔을지라도
천국은커녕 지옥불에 던져져 영원한 고초를 받는다고
겁을 주는 사이비 종교인들이 고귀한 우상을 흉내내며
그럴듯하게 꾸며대는 종교집단의 우두머리들에게
성자의 칭호를 부여해 주면서 돈을 갖다가 바치는 것이
마치도 인류사회에 무슨 큰 공헌이라도 한 것처럼
그들의 질서에 따라 순종을 하면서
마구 소리치는 추종자들에게
노벨 평화상을 수여하는 것을 보았을 뿐
아직까지는 별다른 기적의 흔적은
눈곱만치도 본 적이 없다는 것입니다.

관 람 장

세상은 마치도 사람의 가면을 쓴 드라큘라가
순진한 어린양들을 잡아다가
피의 술잔을 마시며
흥겹게 노래를 부르며
시시덕거리는 관람장이나
다름이 없다는 것을
솔직하게 말씀을 드립니다.
그들은 오늘도 끊임없이
자신들의 부귀영화를 위해
남녀노소를 가리지 않고
잡아다가 어르고 뺨치면서
등덜미를 거머쥐고
꼭두각시 싸움을 붙이는 것을
유일한 낙으로 삼고 있습니다.
그래서 정의를 사랑하고,
불의를 미워하는 사람들은
그런 꼴볼견들을 볼 때마다
밸이 꼴려서 못살겠다는 듯이
두눈에 쌍불을 켜고,
저런 개가 뜯어먹을 놈들은
지구상에서 영원히 없애버려야 한다고,
고래고래 소리를 지르면서
분개하는 모습을 종종 볼 수가 있습니다.
하지만 그들은 도둑이 제발 저린 격으로
되레 눈을 부릅뜨고,

어디 해볼테면 좀 해보라고,
큰소리를 치면서
그들을 잡아다가 국가와 민족을 배신한
이단이나 좌익으로 몰아서
신의 이름으로 입을 막아 버리는 천인공노할
만행을 서슴없이 저지르고 있습니다.

독일의 장바닥

장사꾼들은 높은 언성으로
싸구려를 불러대며 팔고 사기에 정신이 없습니다.
손님들은 아는 사람이라도 만나게 되면
그렇지 않아도 기다렸다는 듯이
반가운 기색을 감추지 못한 채
호들갑을 떨어대며
한바탕 잔소리들을 늘어놓기에 바쁜 것을 보노라면
장터란 역시 나라와 국경과
인종을 초월하여
물건을 팔고 사는 것만이 아니라
시끌벅적한 우리의 장터에서도 보는 것처럼
삶과 삶이 서로 만나서
대화를 하기 위한 장소란 것을 실감나게 느낍니다.

고갯길

눈 내리는 대관령고개
구름도 쉬어가는 추풍령고개
두손을 철사줄로 꽁꽁 묶인 채
울며 불며 넘어가던 미아리 눈물고개
한번 가면 다시는 돌아올 길 없는
한이 맺힌 아리아리 아리랑고개
굶주린 농민들의 보릿고개
망국의 설움이 뼈아프게 사무치던
식민지고개를 비롯하여
동족끼리 서로 치고 받던 육이오 동란고개
기아 임금에 허덕이는
하루살이 노동자고개
허리띠 졸라매고 회초리를 맞아가며
천삽을 뜨고 나서 허리 펴서 별보기 하고
넘어가던 천리마고개를 비롯하여
입 한번만 잘못 놀리면 반동문자로
이 땅에 사는 우리들은 도대체
무슨놈의 죄가 그리도 많기에
지친 소가 수레를 끌듯이
피눈물을 흘리면서
그렇게도 한이 맺힌 고개를 넘어가야 했었는지
참으로 약소민족의 애절한
슬픔이 아닐 수가 없다는 것입니다.
하지만 그 중에서도
가장 원통하고, 비참하고,

애달픈 사연을 안고 있는 고개는
바로 민족이 어리석고
무지한 탓에 같은 피를 받고,
태어난 동포 형제 자매가
마치도 아비를 쳐죽인 불구대천의 원수라도 되는양
자신들이 왜 그렇게 짖어대야 하는 건지
그 뜻을 제대로 알지도 못하면서
각자가 적들이 제멋대로 파놓은 함정 속에서
서로가 총칼로 무장하고,
증오의 눈길을 부라리며
서로가 잡아먹지 못해 환장한 나머지
으르렁거리는 삼팔의 고개라는 것입니다.
거기서는 민족의 양심이란
씨알머리 조차 찾아볼 수가 없고,
다만 똥묻은 개가 겨묻은 개를
나무람 하는 격으로
서로가 먼저 침략을 했다고 발뺌을 하면서
달 보고 짖어대는 개처럼 멍멍거리고 있을 뿐입니다.
그러니까 쉽게 말해서
이 철조망이 없다치면
세습독재를 할 수가 없다는 것과
부자는 돈을 벌 수가 없고,
독재자는 민중의 인권과 자유를 빼어다가
뒤치다꺼리를 할 수가 없다는 것입니다.
그들이 이렇게 상반된 논리로

억지 주장을 펴대면서
서로가 먼저 침략을 했다고 발뺌을 하는 것은
서로가 서로에게 책임을 전가시켜
자신들의 권력을 합리화시키기 위해
핑계를 대는 색안경 구실을 하고 있기 때문입니다.
하지만 무엇보다도 슬픈 일은
우리가 적이기에 앞서
같은 동포 형제 자매가 어찌하다가
강대국가들의 꼭두각시 놀음에 끼어들어
신선놀음에 도끼자루 빠지는 줄도 모르고,
거지발싸개꼴이 되었는지
오늘날 까지도 한반도의 모든 잘못된 일들과
거짓말 들은 모두가 그곳을 향해서
핑계를 대는 유일한 장소가되고 말았다는 것입니다.
우리가 같은 민족으로
태어난 운명은 서로가 미워하고,
싸움질을 하기 위한 것이 아니고,
사랑과 우정으로서
좀더 고매한 정신으로
보다 더 참다운 미래의 역사를
창조하기 위한 것이려니
어찌도 그렇게 서로가 잡아먹지 못해
안달을 하고 있는 것인지
그만큼 시련을 겪었으면 이제는 지쳐서
그런 옹고집들이 풀어질 때도 됐건만

서로가 그 잘난 영광과
물거품 같은 명성을 위해
형제끼리 물고 뜯고, 치고 받는
개같은 싸움 제발 좀 그만들 두시고,
원래는 하나로 있던 것이 갈라진 것이므로
이제부터라도 늦지는 않았으니
서로가 새로운 느낌과
열의를 가지고,
조금씩 양보하고, 단결을 하게 되면
새로운 나라가 놀라운 모습으로 나타나
물방울들이 모여서 내를 이루듯
내가 모여서 강물이 되고,
강물이 흘러서 드넓은 바다를 이루듯
민족의 영혼을 일깨워 주는 일에
앞장을 서서 헌신을 한다는 것은
동방의 등불을 다시 밝히는 초석이 되련만
그나마도 민족혼이 거덜이 나서 잠들게 된다면
우리가 묻힐 무덤은
과연 어디쯤이나 될는지
참으로 안탑갑고 가슴 답답함은
한시도 가시지 않은 채
오늘도 끊임없이
민족의 명예에 상처를 준 비운이
게딱지처럼 달라 붙어있는 철조망 위로는
아직도 이념의 상처가 가시지 않은 채

자유니, 평등이니, 민중이 주인이니 하고,
저쪽에서는 애국이
이쪽에서는 빨갱이가 되기도하고,
이쪽에서의 애국이 저쪽에서는
반동이 된다고,
서로가 상대방을 향해 목청을 돋구며
모욕하고, 다투며 찢고, 짓밟는 개소리들이
무슨 큰 위대한 이념이라도 되는양
오락가락하면서
증오와 저주로 얼룩진
비운의 한들이 알알이 맺혀 있는
철조망 위로는 기나긴 세월이 훑고
지나간 잔인한 상처가
마치도 민족의 어리석음을 비웃기라도 하는양
우리의 염원은 좌절에 빠진 채
이름 모를 새떼들만이 즐거운 낙원을 만난듯이
이쪽 저쪽 가리지 않고,
자유롭게 날아다니며 산골을 울리고 있습니다.

〈1966년 7월 10일 미2사단 GOP에서〉

고 통

갓난아이가 엄마 뱃속에서
태어나자 마자 울음부터 터뜨리는 까닭은
순수한 영혼이 육체 속으로 스며들어온
세상의 고통을 이기다 못해 울어대고 있는 것입니다.
하지만 인간이란 동물은 이 세상에 아무렇게나 내던져진
피투된 존재로서 일단 세상에 태어난 이상
자신들이 원하는대로
필요한 것들을 만들어 나가는 기투된 존재로서
자신에게 맡겨진 삶의 고통은 남이 대신해 주는 것이 아니고,
자신이 스스로 개척해 나가야 하는 것은
마치도 조개가 껍질의 유폐를 참아냄으로써
물방울과 같은 진주를 만들어 내듯이
고통의 씨앗이 깨어져야만 열매를 맺게 되는 것처럼
인생의 여정을 밝히는 희망의 빛과도 같은 것이려니
결코 한숨으로 얼룩진 폭풍을 일으키지 마시고,
삶의 홍수가 가득히 넘쳐흐르는
강인한 정신으로 고통에 굴하는
노예가 되지 말고, 그것을 극복할 수 있는
승자가 되어 단 한번뿐인 인생을
좀더 즐겁고, 신나게 살아가기 위해
침묵 속에서 익어가는 달콤한 과일처럼
그대가 처해있는 현실의 삶을
기쁨과 사랑의 정원으로 가꾸어 놓게 되면
제 아무리 똥빼는 재주를 가진
운명의 여신일지라도

그대의 용기있는 삶에
축복의 나팔을 불러주게 되는 것이려니
결코 자신의 처해진 운명을
팔자 탓으로 돌리거나
암울한 생각이나 부끄러움, 울분 같은 것들을
이겨내지 못하고, 함부로 내쏘며
성질을 다스리지 못하게 되는 것은
자신의 인생에 있어서 먹칠을 가하는 행위가 되려니
결코 방황하거나 머뭇거리며 눈치를 보는
꼼수를 쓰지 말고, 사나이다운 용기로서
과감하게 뚫고 나가시라는 것입니다.

모순

인간들이 모여 사는 곳이라면
세상 어느 곳을 막론하고,
모순으로 인해 일어나는 가혹한 조롱은
결코 고갈됨이 없을 정도로
때와 장소를 가리지 않고,
거짓되고 조잡한 상품처럼
우리의 뒤를 졸졸 따라다니며
그 추한 모습을 드러내고 있습니다.
그러니까 아무리 정의, 평화, 인도주의를 비롯한
각종 종교나 심오한 철학이나 학문이
진리란 달콤한 너울을 쓰고,
바람난 창녀처럼 세상을 휘젓고 다니며
금방이라도 살기 좋은 낙원이 도래하는 것처럼
그럴듯한 냄새를 풍기며 수다를 떨어댈지라도
손바닥으로 눈을 살짝 가리고,
아웅을 하게 되는 날이면
이런 본능적인 갈등들은
외부환경의 변화에 따라
성질이 나서 못살겠다는 듯이
다양한 형태로 표출되어
걷잡을 수 없는 파장을 불러 일으키게 되는 것이
인간의 역사이기 때문입니다.
그래서 오늘날 보는 바와 같이
온갖 잡된 망상이나 불의가 정의나 평화의 가면을 쓰고,
전쟁이 일어나 살육을 하거나

제 뱃속만을 채우기 위해
미쳐 날뛰는 간악한 무리들이
역사 위에 군림하여
우리의 눈과 귀를 어지럽히고 있는 것이려니
모순과 모순이 자신들의 잇속에 따라
팽팽하게 맞서서 요란하게 번개를 칠 때는
세상은 언제나 약육강식을 일삼는
적자생존의 혼란상태로 빠져들어
피바다로 변하게 되는 것입니다.
하지만 이렇게 절제되지 못한 욕구들이
자신들의 잇속에 따라 조금씩 양보를 하고,
화해를 하게 되면 평화란 말로 둔갑을 하게 되어
원수들끼리도 쓰디쓴
원한을 풀어주는 진통제 역할을 할 때도 있습니다.
하지만 오늘날 보시는 바와 같이
서로가 모순된 거짓말을 가지고,
평화롭게 공존을 하다가도
자신들의 이해타산에 따라
조금이라도 금이 갔을 때는
어제의 동지가 오늘의 적이 되어
상대방을 무력으로 굴복시키기 위해
서로 붙잡고 싸우는 것이 마치도
종이 종을 부리면 식칼로 형문을 치는 것처럼
미친듯이 더욱 기승을 부리면서
세상을 온통 혼란의 도가니로 휘몰아넣고 있습니다.

사람들은 육신의 고통을 해소하기 위해

흔히 마약이나 환각제를 비롯한 헤로인을 씁니다.
그리고 어떤 이는 정신적인
고뇌를 씻어내기 위해
혹은 병을 낫게 하기 위해
신에게 의지를 하거나
더러는 귀신에 사로잡혀
굿을 하는 사람들도 있습니다.
그리고 권력에 눈이 먼 사람들은
한국의 역사에서도 보는 것처럼
아직까지도 전통적으로 내려온 망국병인
사대의 족쇄를 풀지 못한 채
자신들이 이 나라의 주인이면서도
제맘대로 하지를 못하고
큰나라 사람들에게 무릎을 꿇고,
머리를 조아리며 식민지가 되게 해달라고
자청하는 꼭두각시 주제에
하늘이 내린 사람처럼 큰소리를 칩니다.
하지만 자주적으로 역사를 이끌어 나가는
창조적인 국민이라면 비록 힘센 자가
우리들의 자주적인 삶의 길을 가로막고
위협을 할지라도
염라대왕 앞에 선 가련한 영혼처럼
머리를 조아리며 비대발괄하는 어리석음을 범하지는 않습니다.
왜냐하면 모든 문명의 몰락이나
나라가 망하는 근본원인은

외부의 침략에 의해서 일어나는 것이 아니고,
나라가 평정을 잃게 되면
거기에 따라 기생하는 권력자, 종교밀약군,
쓰리꾼, 사대주의 학문에 걸신들린 학자들과
돈을 받아먹고 역사를 조작하는 모리꾼들이
내깔긴 더러운 오물을 치우지 않고,
그냥 모른 체하고 옆으로 살짝 비켜가는 데서부터 오는
치명적인 인과응보의 점수에 따라
피치 못하게 일어나는 현상이기 때문에
길바닥에 떨어진 똥을 치우지 않고,
그냥 못본 체하고 비켜가는 민족의 미래는
그야말로 똥친 막대기에 불과할 뿐입니다.

토끼의 지혜

두귀를 기다랗게 쭉 뻗치고,
두눈을 유리알같이 반짝반짝 빛내고 있는
귀여운 토끼야!
그대의 순탄치 못한 생애가
시인의 마음을 한량없이 울려주고 있노라!
그대는 항상 순진하고, 영리하면서도
자신의 뜻을 한번도 제대로 펴보지 못한 채
몇천년 동안이나 사나운 짐승들 밑에서
슬금슬금 눈치나 보면서 살아왔기 때문입니다.
하지만 보십시오!
삶의 의지를 굽히지 않고,
꿋꿋하게 솟아오르는
푸른 송림이 빽빽하게 들어찬
저 산들의 기상과
힘차게 출렁이는 저 바다의 물결들은
모두가 조상으로부터
물려받은 그대의 재산이 될진대
자신들의 능력을 눈곱만치도 헤아리지 못하는
사리사욕에 물든 게으름에 빠진 꼭두각시들이
자신들의 정체성을 상실하고,
강대국들과 영합하여
허풍으로 얼룩진 경건한 속임수가
마치도 신께서 내려주신 거룩한 축복인양
피 묻은 도마 위에 올려놓고
난도질을 하고 있는 까닭에

짓눌린 고통의 신음소리가 온 산하에
메아리치고 있음을…
하지만 시인은 그대의 영리함을 잘 알고 있노라!
일찍이 수나라 백만대군을
청천강 물속에다 장사를 지낸 것과
당나라 대군을 여지없이 물리치고,
떼놈들의 간담을 서늘하게 만들어 놓은데다
호랑이를 죽음의 함정에 빠뜨리고,
자라의 꾀임에 빠져서
용궁까지 갔다가
교묘하게 빠져나온 필살의 지혜가
민중들의 마음에다 흐뭇한
화젯거리를 던져주고 있음을 알기에
언젠가는 동방의 등불이 다시 켜지기를 기대하고 있노라!

꿈속의 날개

어느날 나는 양쪽 겨드랑이에 날개가 돋치는
꿈을 꾸었습니다.
나의 분신은 마치도 두 날개를 활짝 펴고,
창공을 자유롭게 누비며 날아다니는
독수리처럼 수 많은 별들 사이로 쑥쑥 빠져다니면서
하늘을 샅샅이 뒤지는 도중에
까치들이 놓아주는 오작교를 건너가
견우와 직녀를 만나서
대화를 나누어 보았지만
그들이 도대체 무슨 말을 하는 것인지
인간인 나로서는 알쏭달쏭해서
제대로 알아듣지도 못하는 주제에
수박 겉핥기 식으로 아는 척을 하면서
그냥 무턱대고 고개를 끄덕거려 주다가
기왕이면 종교인들이 말하는 귀신들의 고향인 천당이나
극락이 도대체 어떻게 생겼길래
사람들이 거기를 가지 못해 안달을 하는 것인지
이 두 눈으로 똑똑히 확인해 보기 위해
꿈이 놓아주는 다리를 통해
내 영혼을 망망한 하늘나라로 보냈습니다.
거기서 나는 천당과 저승에 관한
몇글자를 읽어 보았습니다.
하지만 그것이 무슨 암호처럼 생겨서
인간인 나로서는
도대체 뭐가 뭔지 이해를 할 수가 없었고,

다만 주위를 둘러보고 어렴풋이 느낀 것은
인간들이 죽음이 무서운 나머지
죽어서까지도 영원히 살고 싶은 욕망에 사로잡혀
천상이나 극락이란 동네를 만들어 놓기는 했을지라도
인간의 죽음과는 전연 앞뒤가 맞지 않는
빈 껍데기에 지나지 않는 망상의 세계란 것을
깨달을 수가 있었습니다.

신은 피땀을 흘리며 일하는 자들과 함께

어떤 사람들은 어줍잖게 위선의 탈을 쓰고
사지가 뒤틀린 채 피를 흘리며 다 죽어가는 모습으로
머리를 앞으로 푹 떨군 채
십자가에 매달려 신음하고 있는
예수상 앞에서 청승맞게 무릎을 꿇고,
무슨 죄를 그렇게도 많이 졌길래
제발 용서를 좀 해주시고,
자신이 죽게 되면 제발 천당으로 데려가서
영원히 살 수가 있게끔 해달라고 기도를 올립니다.
하지만 그는 고개를 떨군 채 아무런 대답이 없습니다.

그리고 어떤 이는 세속이 더럽다고,
침을 퉤퉤 뱉으며
깊은 산속으로 들어가
석가모니 불상 앞에서
극락이나 좀 보내주시면
감사를 하겠다고 목탁을 두들기며
허무한 환상을 향해 염불을 하고 있습니다.
하지만 그도 역시 아무런 대답이 없기는
마찬가지입니다.

왜냐하면 절대자인 우리의 신은
아무런 노력도 하지 않고,
겉으로는 하늘이 내린 사람처럼 흉내를 내면서
깜짝쇼를 벌이는 권력자들이나

남의 재물을 뺏기 위해 기만된 허풍으로 사기를 치는
스님이나 목사들을 비롯하여
민족의 태양이니 국부니, 위대한 영도자니, 뭐니 하고
세상에서 가장 좋은 최상의 가치들을
끌어다가 덧붙이는 위선자들과 함께
배가 터지도록 먹고, 마시며 즐기시는 분이 아니고,
가난은 하지만 피땀을 흘리며 심고, 가꾸며
거둬들이는 사람들과 함께
항상 새로운 삶으로 존재의 부족함을
보충해 주시는 영혼의 소리이기 때문입니다.

오! 조국이여!

우리 모두를 낳아주시고,
길러주신 나의 보배로운 조국이여!
마땅히 가꿔주고 보호를 받아야 함에도
몇천년 동안이나 온몸이 뒤틀린 불구자 신세를 면하지 못한 채
탐욕스런 왕이나 양반들은 연약한 백성들을 짓밟고,
부녀자를 겁탈했으며 그것도 양이 차질 않아
이제는 숫제 비틀고 억눌러
간까지 빼먹고 기뻐하고, 즐기며
손뼉을 쳐가며 향락하는 협잡꾼들의 놀음판이 되었나이다.
그래서 오늘날까지도 그들의 포악한 탐욕으로 인해
민중의 원성은 하늘에까지 닿을 듯 높아지고,
흐려지고 때가 묻어 가혹한 운명에 시달리며
피눈물을 흘리고 있는 것입니다.
하지만 조국이여! 그대는 알고 있겠지!
사리사욕에 눈이 어두운 정상모리배들이나
종교인들이 야비하고 교묘한 방법으로 배불리 먹고, 마시면서
큰나라에 기대서
돼지 목따는 소리를
고래고래 질러대며
이 민족의 나갈 길을 가로막고 있음을…
오! 반만년의 기나긴 역사의 물결을 타고,
흘러온 이 민족의 긍지가 꺾인 채
하늘을 향해 울부짖고 있음을…
하지만 우리는 아직도 잠에서 깨어나지 못한 채
잘못하면 미친 소고기나 방사능에 중독된

생선을 먹고 미쳐서 날뛰는
천박한 나라로 전락될 수 있음을…
하지만 그런 치욕들을 깨닫지 못한 채
그들이 원하는대로 모방하고,
흉내를 내면서 따라가는
바보, 천치같은 노릇을 하다보면
산 채로 무덤에 묻히는 신세가 될 수 있음을…
오! 당신이 진정으로 조국을 사랑한다면
아직도 때가 늦지는 않았으니
힘들고, 고되기는 할지라도
모든 국민들이 나라를 사랑하는 마음으로
일심동체가 되어 하루속히 말썽쟁이
밥벌이 정치인들과
우리의 정신을 메말리는 종교 거간꾼들을
이 땅에서 몰아내고, 새로운 느낌과
열의를 가지고, 백번을 죽는 한이 있더라도
우리 스스로 창조할 수 있는 그런 시대가 올 수가 있게끔
조국을 위해서만 헌신해 달라는 것입니다.

죽 음

모든 생물이 자연의 섭리에 따라
불시에 왔다가 불시에 사라지는
생과 사의 막다른 골목에서
탄생과 죽음을 반복하고 있는 것은
어디까지나 자연의 섭리에 따른 것인만큼
태초 이래 동서고금을 막론하고,
누가 누굴 미워서 잡아 가는 것이 아니고,
명줄이 다하면 왕이나 양반 상놈이나
빈부귀천이나 성인에 이르기까지
하등 차별을 두지 않고
천군만마를 거느리고,
사람을 초개처럼 죽이는 영웅호걸의
욕된 길을 가로막고,
저 야만적인 독재자의 몽둥이를 꺾어서
쪽을 못쓰게 만들어 버립니다.
그리고 때로는 종교인들의 가식으로 얼룩진
고리타분한 법의자락을 가차없이 찢어 발기면서
꼴사납게 놀아나는 호화방탕한 인간들을 향해
아주 고소해서 죽겠다는 듯이
야, 이자식들아! 까불지 말고,
어서들 오라고, 껄껄대고 웃어대며 약을 박박 올립니다.
하지만 인간이란 동물은 불행하게도 죽음의 막다른 골목에서
탈출할 수 있는 통로를 찾을 길이 없기 때문에
오늘도 한조각의 꿈에 불과한
짧은 순간의 동반자와는 함께 먹고, 싸고, 마시면서 즐기다가

인생이란 거친 모래 위에다
쥐꼬리만한 발자국을 남겨 놓고,
그것이 마치도 무슨 위대한 업적이라도 되는양
자랑을 하면서 자신이 죽게 되면
하늘나라에서 영원히 살게끔 해달라고,
자신들이 만든 신을 향해 구원해 달라고,
울부짖으며 발버둥을 치고 있는
꼬락서니가 참으로 우습기도 합니다.
하지만 얻는 것은 하나도 없고,
다만 중풍에 걸린 환자처럼 부들부들 떨다가
자아가 멸하는 순간 영혼이 갈 수 있을 듯한
적시적멸의 세계로 사라져 갑니다.

사람을 무시하는 요정마담을 질타하다

마치도 신이 빚어놓은 조각상이라도 보는 것처럼
옥같이 미끄럽고, 고운 흰살결에 눈매가 주는
아름다운 매력으로 인해
뭇 사내들의 억센 힘과 자존심이
일시에 허물어지면서
마치도 철없는 아이와도 같이
재롱을 부리게 할지라도
시인의 눈에 비쳐진 그대의 모습은
일찍부터 돈과 사치에 눈이 어두운 나머지
인두겁을 쓴 불여우처럼
요염하고 이상야릇한 몸짓으로
토실토실한 고깃덩이를 낚아낸 덕분에
온몸을 황금의 노리개로 치장한
귀부인처럼 보일지라도
인생의 보람된 가치란 것은
사치나 허영의 만족만으로는 살 수가 없는 것이 아니었더냐?
왜냐하면 인간의 육체란 쇠로 만든 기계가 아닌 이상
이제야말로 늙어가는 주제에
마음을 풀어줄 가족이나 벗도 없이
심연의 바닷속에 찾아드는 것은
허무의 암초만이 드리우고 있을뿐
얄궂은 운명을 탓해 보지만
세월이란 새는 태초에도 그랬듯이
인간의 생노병사와는 아무런 관계없이
그대의 얼굴에 번데기가 서러워하고도 남을만큼

쭈글쭈글한 주름살을 남겨놓고,
고소해서 죽겠다는 듯이
킬킬대고 웃어대며
뒤도 돌아다 보지를 않은 채
껑충껑충 뛰어가는 사슴처럼
영원을 향해 줄달음치는 나그네이기 때문입니다.

썰매놀이

하늘은 암운으로 뒤덮인 채
눈보라가 휘몰아치고 있는 겨울날
유리알같이 반들거리는 얼름판 위에서는
천진난만한 아이들이 썰매놀이를 즐기고 있습니다
어떤 아이는 빙글빙글 돌아가며 묘기를 부리고
다른 아이는 팔을 휙휙 내두르며
달려가는 품새가 마치도 황새가 두 날개를 활짝 펴고,
허공을 향해 쏜살같이 날아가는 모습을 방불케 합니다.
그밖에도 저 나름대로 마냥 홍겨워하며
소란을 피우고 있는 것이
온 세상이 마치도 자신들만의 것인양 각양각색입니다.
나는 이 자연을 초월한 순진무구한
동심어린 어린 양들의 썰매놀이가 언젠가는
서양의 놀이문화에 휩쓸려 사양길을 재촉하고
있다는 것을 어렴풋이 느끼면서
억압과 신음소리를 동시에 듣고 있습니다.

맹수들이 연약한 짐승들의

피를 빨아먹기 위해
사납게 울부짖는 험악한 세상에서
갈증에 허덕이는 양떼들에게
힘찬 생명의 근원이 흘러내리는
맑은 시냇물 소리에 귀를 기울일 수 있도록
조화로운 삶을 베풀어 주십시오!
오늘도 인간들은 탐욕과 자만의
구렁텅이 속에서 헤어나지를 못한 채
각종 살인무기를 만들어 가지고,
잔인한 싸움질로 귀중한 시간을 낭비하고 있습니다.
술수에 능한 사람들은
괴이한 거짓말을 즐기면서
은밀하게 거미줄을 쳐놓고,
온갖 잔인한 수법으로
사람들의 혼을 빼놓기에 여념이 없습니다.
하지만 창조주여!
당신이 제 아무리 세상을 주관하고 있을지라도
모든 인간들에게 환희에 찬 삶의 기쁨을
맛볼 수 있게끔 만들어 주거나
인간의 장단점을 지적하여
바른 길로 인도를 하게끔 훈시를 하는 것은
좋게 봐줄 수가 있을지라도
누가 왼쪽 뺨을 때리거든
오른쪽 뺨도 내밀어 주면서
어서 때리라고, 병신처럼 맞아주며

원수를 사랑하라는 말씀만큼은 제발 거둬 달라는 것입니다.
물론 당신의 말씀이 틀린 것은 아닐지라도
당신의 말씀대로 아무런 잘못이 없는데도
그냥 맹목적으로 늘씬하게 맞아주는
바보, 천치, 멍텅구리가 된다면
자자손손 대대로 종놈의 신세가 될 것이
불을 보듯이 뻔한 일이오니
만약 적들이 당신의 말씀을 빙자로
우리의 역사의식을 파괴하고,
사지를 찢어먹기 위해
달콤하게 속임수를 쓰면서
난동을 부릴 때는 그들에게 맹목적으로 추종하는
자비스런 얼간이가 되게 하지 마시고,
가차없이 그들과 대항해서 견줄 수 있는 능력과
지혜를 주시어
서로가 뺏어먹기 위해 물고, 뜯고, 찢어발기는
인생의 싸움터에서 선불맞은 짐승처럼
도망치는 비겁한 겁쟁이가 되게 하지 마시고,
간악한 그들과 싸워서 이길 수 있는 승자가 되어
떳떳하게 새로운 역사를 창조할 수 있는
의지로 충만된 삶의 용감한 투사가 되게끔
부추겨 달라는 것입니다.
그렇다고 해서 남의 인권을 무시하고,
불행에 빠뜨리거나
서로 죽이고, 죽이는 살인을 하고도

당신의 가호로 승리를 했다고,
축복의 나팔을 불어대며
살인의 희열을 즐기는 짓은
인생에 있어서 그보다 더 큰 죄악이 없노니
비록 약자라 할지라도 그들도 역시 사람인만큼
자연의 이치에 순응하며 살아가는
삶의 활력소를 가득히 부어달라는 것입니다.
물론 원수를 사랑하는 것도
나쁠 것은 없겠지오.
하지만 그들의 기만술수에 넘어가
그들의 발 아래 엎드려 머리를 조아리며
살아가는 것은 인생에 있어서
그보다 더한 치욕이 없는 것이려니
차라리 배가 고파 죽을지언정
강한 자의 발 아래 엎드려 무릎을 꿇고,
머리를 조아리게 만드는
그런 종놈의 습성은 우리들의 자주적인 삶에
치명적인 손상을 가져오기 때문입니다.

외 상 값

내 생명의 존재여!
삶의 짐이 제 아무리 무겁다고 할지라도
가볍게 내려놓는 우를 범하지는 마십시오!
왜냐하면 창조주께서 내려주신
신성한 삶의 권리를
초라한 걸인의 신세로서
아무렇게나 끝내서는 아니되기 때문입니다.

그럴 바엔 차라리 욕심과 질투가
미친듯이 난무하는
저 혼돈의 거리로 뛰쳐나가
마음껏 향락하고, 즐기면서
그들과 함께 먹고 마셔가며
고래고래 소리를 지르는
술친구가 되시라는 것입니다.

하지만 나는 아무래도 사람으로 태어난 이상
사람이 사람답게 살아가는 삶의 가치를 알기 위해
신념에 찬 의지의 길을 가렵니다.
왜냐하면 인간의 삶이란 조물주로부터
외상으로 물려받은 까닭에
그 빚을 갚고, 죽어야 하기 때문입니다.

오! 내 생명의 존재여!
그대는 보고 있는가

오늘도 끊임없이 낡은 다리의 한복판에서
귀중한 생명들이
육중한 망치에 얻어맞고,
짓찢겨진 채로 가을의 낙엽과도 같이
속절없이 휘날리고 있음을…

오! 내 생명의 존재여!
그대는 듣고 있는가
사람들은 너나 없이 인생이란 망망한 바다 위에서
난파당한 배처럼 갈 길을 잃고,
불길한 운명을 한탄해 가면서
비탄의 노래를 부르고 있음을…

오! 내 생명의 존재여!
삶의 짐을 가볍게 내려놓지는 맙시다.
인생의 여정에서 잘차린 손님대접을 받으려면
그대의 삶이 다하는 그날까지
기쁨의 정원에 마음을 두시고,
관용과 인내로서 참고, 또 참으며
자신 앞에 밀어닥친 온갖 고난을 극복할 수 있는
의지의 길을 가시라는 것입니다.
그것이 바로 삶의 아픔을 치료하고,
죽음에게 질질 끌려가는 노예가 되지 않고,
즐거운 마음으로 떳떳하게 죽음을 맞이할 수 있는
유일한 길이 되기 때문입니다.

이리떼들

현해탄을 건너온 이리떼들에게 고하노라!
그대들은 우리들과 무슨 철천지 원수를 그리도 졌기에
우리를 잡아먹지 못해 안달을 하면서
또다시 재범의 기회를 노리며 악착같이 달려들고 있는지
참으로 기가 차서 말문이 막힐 지경이어라!
이미 임진의 피를 뿌리고도
을사의 살을 뜯어다가
고대광실에 금은보화를 가득히 쌓아놓은데다
한국전쟁을 계기로 온갖 특수를 누리며
고도성장을 이룩한데다
제2의 매국조약을 날치기로 통과를 시키게끔
농간을 부린 덕분에
하수인으로 전락당한 군사정권 도당들을 통해서
무상원조란 명목으로 각종 쓰레기 공해산업을 수출해서
노동자들의 인건비를 착취한 덕분에
이미 채워질대로 채워지고,
가질대로 가졌음에도 아직도 양이 덜찬 나머지
우리를 또 다시 종으로 만들기 위해
아직도 굶주린 야수처럼
시세의 추세에 따라
역대 꼭두각시 권력자들이나
그대들의 하수인 노릇을 했던
친일파 후손들을 돈으로 매수해서
눈 가리고 아웅 하며
독도라도 좀 떼먹자고,

악착같이 달려들면서
한국의 발전이 그대들의 덕이라니
우리를 뭘로 보고, 그 따위 개소리들을 하는 건지
그런 억지와 얄팍한 행동은
결의에 찬 민중에게 원한의
물결을 이루며 한없이 퍼져 나갈 뿐이려니
우리가 그동안 뭉치지 않은 탓에 그대들에게
얻어 맞기만 했던 탓이려니
다시는 한국을 얕보지 않게끔
따끔한 맛을 뵈주고야 말테니
이제는 그만 과거를 반성하고,
애써 놀아나기를 제발 좀 거둬 달라는 것이다.

자연의 침묵

빛나는 색깔로 아름다움을 장식하고 있는
자연은 언제나 지상의 모든 생명들이
평화롭게 살아갈 수 있는
행복의 요소들이 무한히 깃들어 있습니다.
하지만 만물의 영장이라 일컫는 인간들은
저 때음이 짙은 인생의 미로에서
고르지 않은 거칠고 사나운 목소리로
망령의 노래를 부릅니다.
내가 자연의 경이로운 모습을 관조할 때마다
약육강식이 판을 치는
이 오욕의 세상에서
불길한 음모를 꿈꾸며
서로 잡아먹지 못해 환장하는
인간들의 침묵 속에 내재한 탐욕보다는
엄숙하고 소박한 교훈과
정서와 낭만의 멜로디를 쉴 새 없이 토해내는
자연의 침묵을 사랑하는 까닭이 바로 여기에 있습니다.
하지만 만물의 영장이라 일컫는 인간들은
자연이 마치도 자신들만의 것인양
끊임없이 욕심을 부리면서
문명이란 구실이나
병을 치료하는 원인이나
생명을 연장하기 위해
혹은 정력을 돋궈 준다는 원인 때문에
동물이나 식물을 마구 죽이고,

자연의 질서를 함부로 파괴하는
불손한 도적에 지나지 않나니
그대들은 정녕 지상을 더럽히는
망나니들이란 말인가!

사랑의 힘

사랑이란 이기적 욕망에 집착한 나머지
혼자만 즐기는 것이 아니고,
헐벗고, 굶주리는 약자들에 대한 폭넓은 보호를 통해
헌신을 하는 것인만큼
숭고하고 거룩한 사랑의 힘이란
가없이 넓은 바다보다도 깊고,
산보다도 더 높으며
불보다도 더 뜨거운 것이기 때문에
사랑에 대한 헌신이야말로 아름다운 이데아의 극치라고,
말들을 하는 까닭이 바로 여기에 있습니다.
그래서 경건한 사랑의 마음을 지니고 있는
사람들은 빈부와 귀천, 상하고하에 차별을 두지 않고
모든 이에게 골고루 사랑이란 행운의 열쇠를 던져주기 위해
끊임없이 타오르는 저 태양의 찬란한 빛과도 같이
헌신의 날개를 활짝 펼치기도 합니다.
그리고 또 어떤 이는
절망의 쓰레기더미 속에서도 희망에 찬
환희의 샘이 솟아나게끔 만들어 주는
감로주 역할을 하면서
원수들끼리도 화해를 하게끔
쓰디쓴 원한을 풀어주는
중재자 노릇을 하기 때문에
세상에서는 이들을 일컬어 평화의 사도라고 부릅니다.
하지만 사랑에 대한 이해를 한다는 것은
참으로 어려운 일일 때도 많다는 것입니다.

물론 사랑이 세상에 무한한 공헌을 해서
모든 사람들이 사랑의 환희를 맛볼 수 있게끔
움직이는 방향으로 나간다면
더 이상 바랄 것이 없겠지오.
하지만 당연히 고귀하고 경건해야 할 사랑이
말로는 그럴 듯하게 위선의 탈을 쓰고
사람들의 간을 빼먹기 위해 기만하는 도구로 사용되어
속여먹는 수법도 가지가지이기 때문에
가뜩이나 짧고도 괴로운 인생
먼산바라기처럼 위만 보고 걸어가지 마시고,
세상을 이리저리 살펴가면서
돌다리도 좀 두들겨보고,
조심해서 건너 가시라는 것입니다.
왜냐하면 이렇게 차별을 정당화시키면서
자신들의 목적을 달성하기 위해
남을 해치고 기만하는 사랑은 생각만 해도
소름이 끼치도록 슬픔을 안겨주는
비극의 씨앗이 되기 때문입니다.
그러니까 이미 암흑의 중세기에
종교재판을 통해서
봐온 바와 같이 사랑을 하라고 해놓고,
자신들의 말을 듣지 않으면
이단으로 몰아서 처형을 시키는
천인공노할 종교적 만행이
사랑으로 둔갑되기도 하는데다

평화의 가면을 쓴 선교사들이
약한 나라를 통째로 들어먹기 위한
수작의 도구로 이용되어
병주고 약주는 제국주의자들의
속 다르고, 겉 다른 음침한 사랑과
종교를 받아들일 능력이 없다는 이유로
사람들을 죽음으로 몰고가
하나님의 품으로 보냈다고,
자부하는 목사들의 사랑이나
권력자가 말끝마다 국민을 위한다는 미명 하에
국민을 기만하기 위한 수작으로
이용이 되기도 하는데다
꽃뱀들이 자신의 이쁨을 미끼로
남성들을 구렁텅이 속에 빠뜨려 놓고,
신세를 망치게 하는 것과
곰팡이도 비빌 데가 있어야 부풀어 오르듯이
자식이 없는 늙은이들의 뒤꽁무니를 졸졸 따라다니며
당신에게는 이미 성령이 임했으니
천국이나 극락의 문지기라도 되는양
영원히 살 수 있는 하늘나라로 들어갈 수 있는 입장권을 주겠다고,
화려한 영광처럼 허튼 수작을 부리며
달콤한 말로 현혹시켜서
재산을 자신들의 종교에 헌금하도록
그렇게 전도하며 천지사방에 떠돌아 다닌고로
사랑은 바로 거짓과 기만이었다는 사실이

세상의 양심과 정의를 죽이는 일들로
다반사처럼 일어나고 있기 때문입니다.
그래서 오늘날 보시는 바와 같이
사랑을 절대적으로 외치는 숭고한 종교의 법조문 마저도
사랑의 숨결을 아쉬워하는 이들에게는
치욕의 장막이 되어
사회를 혼란의 도가니로 휘몰아넣고 있는 것입니다.

세상길 가자 하니

가시밭 길과도 같이 인정없는
고뇌의 바다에서 허덕이는
한마리의 새처럼
지친 날개를 푸드득거리며
악을 바락바락 쓰다가도
문득 발길을 멈추고
과거를 더듬어 보노라면
인생이 마치도 안개낀 숲속인양
인간이란 동물들이 도대체
무슨 목적으로 세상에 태어나
이다지도 고통으로 얼룩진
삶을 살다가 죽어야 하는 것인지
과거에 대한 기억이나
미래에 대한 전망이
뒤죽박죽으로 혼연일체가 되어
망각의 무덤 속에 갇힌 죄수처럼
절망의 늪에서 헤어나지를 못할 때가 한두번이 아닙니다.
하지만 물결처럼 흘러가는 세월이란
불사조가 나의 귀에다 대고,
넌지시 귀띔을 해주는 것은
그대가 지금까지 살아온
과거는 이미 흘러가버린 것인만큼
할 수가 없는 것이지만
그것을 거울 삼아
네 자신이 앞으로 어떤 목적을 위해

분투하고, 노력하고, 발견하는 일을
중단하지 않고, 꾸준히 밀고 나가는
의지로 충만된 삶의 투사가 된다면
보다 나은 선물을 안겨 줄 수도 있지만
나쁜 방향으로 변화를 거듭한다면
현재만도 못한 고통을 더해 줄 수도 있는 것이려니
인생에 있어서 빈곤에 허덕이며
구박을 받는 노예가되지 않으려면
그대가 현재 처해진 상황을 스스로 깊이 깨닫고,
용감하게 전진하는 삶의 투사가 되시라는 것입니다.

죄 인

사람들은 삶의 의지를 망각한 채 노력도 하지 않고,
어두운 밀실이나 사원같은 데서
오직 자신만이 부자가 되게 해주시고,
오래 살게 하다가 죽게 되면 천당이나 극락으로 데려가서
영원토록 복락을 누리며 살게끔 해달라고,
하늘을 향해 우러러 보면서
미친듯이 울고 불고 난리를 칩니다.
그리고 명예에 눈이 먼 자들은 권력과 재물을 미끼로
신의 뺨을 치고도 남을 만큼 귀신이 곡할 정도로
허울 좋은 우상을 만들어 가지고,
마치도 하늘의 별이라도 딸 것처럼
불가능을 향해 활의 시위를 날립니다.
하지만 온갖 날고 뛰는 그런 날파리 재주는
인간의 한계를 넘어서지 못한 채
제 풀에 지쳐 넘어지고 맙니다.
인간의 몸이란 원래가 한정된 삶의 틀 안에서
서식을 하다가 때가 되면 도중에 하차를 하는
동물에 지나지 않기 때문입니다.

인류의 역사가 부단히 흘러오는 동안

이기심에 능한 자들은
자신들이 마치도 세상의 주인이라도 되는양
한치라도 더 많은 땅을 차지하기 위해
끊임없이 서로 붙잡고 싸우면서
약탈을 해다가 먹고, 마시고, 즐깁니다.
하지만 다스리는 자가 단지
헛된 이름을 얻기 위해 국민을 기만하고,
구렁텅이에 빠뜨리는 일들은
나라를 더욱 피폐하게 만드는 일이기 때문에
나는 당당하게 내 땅을 밟고 서서
텅빈 하늘을 향해 고래고래 소리를 칩니다.
비록 당신이 세상을 창조했을지라도
굶주림에 허덕이는 사람들이 고통 속에 빠져서
울부짖고 있는데도 아랑곳 없다는 듯이
팔짱을 낀 채 불난집 불구경을 하듯이 바라다 보고만 있다면
어찌 당신을 믿고 따를 사람이 어디에 있겠는지
다시 한번 잘 생각해 보시라는 것입니다.

돈, 돈, 돈

돈이란 도대체 무엇이기에
동서고금을 막론하고,
인종과 국경을 초월하여
질풍노도처럼 세상을 이리저리 휘젓고 다니면서
가는 곳마다 무소불위로 위세를 부리며
귀신을 속이고 신을 매수하거나
조금만 더 오래 살게 해달라고,
삼천갑자 동방석이처럼
염라대왕의 저승사자를 구워삶기도 하면서
가난에 한이 맺힌 사람들의 눈에다
눈물을 무더기로 심어주고 있습니다.
그밖에도 돈은 제국주의자들과 함께
어깨동무를 하고 따라다니며
약한 나라들을 털도 뜯지 않고,
통째로 뜯어먹기 위해
전위대 역할을 하거나
우리나라의 역사 서적에서도 보는 바와 같이
역사가는 돈을 받고,
쓰레기통에다 던져버려도 시원찮을
왕이나 독재자를 비롯한 탐관오리들의
더러운 비리를 감춰주고,
가짜를 진짜로 둔갑시켜
위대한 사람처럼 미화시켜 주거나
옳음을 그름으로 또는 그름을 옳음으로 만들어주거나
유리한 것만 취하고, 불리한 것들은 숨기는

비열한 짓들을 창피한 줄도 모르고 서슴없이 감행하면서
역사의 수레바퀴를 거꾸로 돌려놓기 때문에
거짓말도 잘만 시키면 만고에 충신이 되기도 합니다.
그리고 때로는 유다처럼
돈을 따라 다니며
자신의 스승을 팔기도 하고,
빌라도 총독처럼 돈을 받고,
예수가 십자가에 못박혀서 죽었다고,
거짓을 시켜주기도 하면서
인간의 선한 양심과 정의를 배신하는
불굴의 씨앗이 되기도 하는데다
전국적으로 만연된 뇌물과 삥땅으로 인해
빈부의 격차는 더욱 심화되어 가는데다
실력은 개뿔도 없는 무식자를 비롯한
역적이나 친일파의 자손을 비롯하여
비록 깡패로 굴러먹던 자들이라 할지라도
돈만 많으면 손바닥으로 하늘을 가리듯이
위대한 애국자처럼 행세를 하면서
어리석은 국민들을 돈으로 매수하여
정치인이 되거나 지도자가 되기도 합니다.
그리고 때로는 청렴한 학자들이나 종교인들의
이마를 주춤하게 만들어 주거나
기자는 돈을 받고, 더러운 부정부패를
아주 그럴듯하게 합리화시켜주는
허위기사를 써 주기도 합니다.

그리고 육이오 때만 보더라도
가난한 집안의 자식들은 피를 흘리며 죽어가고 있는데
돈 많은 권력자의 집안이나 종교인들은
죽기가 싫으니까 돈보따리를 싸들고
부산항에다 밀항배를 대놓고,
미국이나 일본으로 밀항을 했던 것과
자식들은 유학이란 명목으로 해외로 도피를 시켰던 것과
월남전 때만 보더라도 만만한 게 홀아비좆이라고
돈 많은 권력자 집안의 자식들은
이런저런 핑계를 내세워 모두다 뒤로 쏙 빠지고,
백 없고, 가난한 집안의 시세없는 자식들만 끌려가서
미국의 젊은이들을 대신해서
우리의 귀중한 오천여 장병들이
저승의 귀신이 되게 하였던 것처럼
오늘날에도 보는 바와 같이 백이나 돈이 많으면
탈세를 하거나 힘이 있으면
말을 하지 않아도 먹는 것이
공짜로 들어오기도 하는데다
국민의 신성한 의무인 병역도 면제를 받을 수 있도록
만들어주는 반역자 노릇도 기꺼이 하는데다
세월호 참사에서 보는 바와 같이
돈 많은 사람들은 모두 살아났는데 비해서
돈 없고, 백 없는 사람들은 모두가 죽음을 면치 못한 채
고기밥이 되었던 것과
돈은 부자들이나 권력자를 비롯한 종교인들을

대변해 주기 위해 비겁하고 파렴치한 노릇도
기꺼이 대변해 주고 있습니다.
하지만 정의를 사랑하는 운명의 여신이
증오의 눈길로
단 한번만이라도 흘겨보는 날이면
돈은 다시 날개를 쳐들고,
훨훨 날아서 다른 주인을 찾아가
돈벼락을 때려주기도 합니다.
그럴 때는 자신이 마치도 하늘에서 내려주신
신의 대리자라도 되는양
하늘이 돌짝만해져 가지고,
고귀한 도취에 취한 나머지
제 위에는 사람이 없는 듯
장엄하고, 거룩한 흉내를 내면서
사람을 사람으로 보지 않고,
개똥같이 취급하는 무시병 증상이 일어나
빈곤한 사람들을 천대하는 것을 봅니다.
그래서 사람들은 빈부귀천이나
상하고하를 막론하고,
자신들도 역시 그렇게 되고싶어
환장한 나머지 미친 개처럼 길길이 날뛰면서
마빡을 찔러도 피 한방울 나오지 않을 정도로
돈에 눈이 뒤집혀 가지고,
천하의 구두쇠가 되는 것도
마다하지를 않은 채

밤이나 낮이나 이글거리며 타오르는
탐욕의 불을 끄지 못한 채
백년의 생도 제대로 채우지 못하고,
떠나가는 가증한 벌레 주제에
천년의 먹을 것을 모으기 위해
어떤 이는 절이나 교회로 찾아가
재물을 바치며 제발 복이나
좀 많이 받게 해주시고,
우리 자식의 이름을 서울대학교 벽에다
다시는 떨어지지 않게끔 착 붙여 주시고,
앞문으로 들어가서 변소에다 오줌이라도 좀 싸고,
뒷문으로 나올 수 있게라도 해주거나
국회의원 배지나 좀 달 수가 있게 해달라고,
애걸복걸을 하면서 아우성을 치게 되는 것입니다.
하지만 이미 죽은 석가나
예수가 그 돈을 먹을리가 없다는 것은
자명한 이치가 되고도 남는 것
그 돈은 신에 대한 사명감을 부여받은 것처럼
거룩한 흉내를 내면서
아름다운 거짓말 덕분에 살아가는
구원에 얼이 빠진 바보들의
자비스런 연보돈이나
십일조가 아니었던들
이미 굶어 죽고도 남을만한
동냥아치나 다름없는 스님이나 목사들의 차지가 되어

그것이 마치도 하늘에서 내린 축복이라도 받은 것처럼
자부하는 그 꼴사나운 종교사업가들은
쓰라는 손가락은 하나도 까딱하지 않고서도
손도 안대고, 코를 푸는 식으로
땅 짚고 헤엄치기 식으로
저절로 굴러들어온 떡 덕분에
끊임없이 부자 소리 들어가며
먹고, 싸고, 마시면서 향략하고, 즐기면서
으스대고, 뽐내며 활개를 치고 다닙니다.
하지만 우리의 창조주는
치부를 가장 미워하고 계시려니
어찌 안타깝지 않으리오!
해가 지고, 달이 져도 우리들의 가슴 속에
아련히 타오르는 생명의 불꽃은
오직 인간의 양심에 얽힌
진리의 말씀대로 정직하게 살아가는 길이려니
일생동안 혹세무민으로 악업을 지은
자들이 죽어서 가야할 곳은
천당이나 극락이 아니고,
지옥의 쓰레기더미로 던져져
불에 타거나 칼로 베이고 절구에 짓이겨지는
천벌을 받아야 마땅하다는 것입니다.

눈이 내립니다

눈이 내리고 있습니다.
솜털같이 부드러운 곱디고운 설편들이
아리따운 선녀의 고운 숨결처럼
하얀 소복 단장을 하고
머나 먼 하늘나라에서부터
사뿐 사뿐 내려오는 즉시로
봄꽃이 시샘을 할 정도로
나뭇가지 위에다는 탐스럽고
하얀 눈꽃을 연달아 피워대고 있습니다.
거기따라 욕심과 양심을 비롯한
근심과 격정과 연민이나 때로는
부귀영화를 조금씩 나누어 갖고 있는
빌딩과 가옥들 위로도 줄기차게 내림을
멈추지 않습니다.
하지만 빈곤한 집안의 어른신네들은 걱정부터 합니다.
벌어놓은 것도 없는 이 마당에
이 추운 겨울에 자식들의 학비걱정과
어떻게 먹여 살릴까를 생각해 보면서
한숨을 쉬는 것이 고작입니다.

가야 할 곳

하염없이 휘날리는 가을의 낙엽처럼
언젠가는 가야 할 운명이라면
가야 하겠지요.
그리고 얼었던 가지에 싹이 트듯이
와야만 한다면 어서 오시라는 것입니다.
자연은 가는 것 잡지 않고,
오는 것 막는 법이 없으니까
만약 그대의 삶이
행복의 날개를 활짝 펼칠 수만 있다면
화창한 봄날에 꽃망울이 활짝 피어나듯이
그대가 바라는 삶의 목적을 위해
희망의 꽃을 활짝 피워 보시라는 것입니다.
하지만 욕심은 제발 부리지 마시고,
자신이 처해진 환경에 따라
형편이 닿는대로 마음껏 즐기다가
가야 할 때가 되면
뉘엿뉘엿 저물어가는
저녁노을이 곱게 타오르는
황혼의 언덕을 넘어가
대지의 그늘에서 잠을 자야 하겠지요.
하지만 미리 겁을 먹고 조바심을 하면서
급히 서두를 것까지는 없다는 것입니다.
때가 되면 말하지 않아도 세월의 열차가 와서
우리를 영원의 나라로 데려갈 것이기 때문입니다.

까마귀떼들

나뭇가지 위에서
독기 서린 주둥이로
시체의 살을 꼭꼭 찍어먹고 있는
까마귀떼들을 바라다 보노라면
참으로 소름이 끼치는 일이 아닐 수가 없습니다.
하지만 먹지 못해 환장한 사람들은 남녀노소를 막론하고,
하도 굶주려서 눈이 모로 돌아간 탓인지
나무둘레에 모여들 앉아서
허기에 지친 눈들을 껌뻑거리며
저 귀하신 까마귀 나리님들께서
혹시 먹다 남은 살조각을 한점이라도
좀 밑으로 흘려주시지나 않을까 하는
동정어린 눈길로
피묻은 까마귀님들의 주둥이만 바라다 보고들 있으니
나 원 참 기가 차서 말문이 막히는 일이 아닐 수 없습니다.
정녕 그렇다면 그것은 인간세상이 아닐 거라고,
배가 아기를 밴 것처럼 삼겹살이 두둑이 낀
사람들은 이구동성으로 말들을 합니다.
왜냐하면 그런 소름이 끼치는 일들은
흔히 마귀의 조종을 받은
흡혈귀들이 판을 치는 세상에서나
있을 법한 일이기 때문입니다.
그러니까 사나운 맹수가 약한 짐승을 잡아먹고
피묻은 주둥이를 날름거리며
포만에 찬 희열을 즐기듯이

임금까마귀는 살이 통통 찐
양반까마귀의 시체를 뜯어먹고,
양반까마귀는 평민까마귀의 시체를
평민까마귀는 빼빼 마른
상놈이나 종놈의 시체를 뜯어먹다가
고래심줄에 걸리는 바람에 이빨이 부러지고,
너무 많이 먹어서 설사를 하거나
고혈압이나 당뇨병을 비롯한
에이즈나 그밖에도 각종 알지 못할 염병에 걸려서
제 명대로 살지를 못하고
급살을 맞아 죽었다고,
전해오는 그런 끔찍한 이야기들은
인류가 이 세상에 출현한 그 시각부터 쭉 있어 왔고,
현재도 진행형이며 앞으로도
지구의 종말이 오기까지는 더하면 더했지
결코 덜하지는 않을 것이라고,
비록 입은 삐뚤어졌을지라도
말만은 똑바로들 하고 있는 것입니다.

성난 파도

뜨거운 여름날 해변가를 거닐면
시원한 바닷바람이
청한 것도 아니건만
반가운 손님을 맞이한듯이
마중을 나와서 이마에 맺힌 땀방울을 시켜줍니다.
그리고 갈매기는 두 날개를 활짝 펴고
수평선을 희희낙락 누비고,
말뚝에 묶인 채 포로가 된 배들은
잔잔한 물결의 리듬에 맞춰 신나게 춤을 춥니다.
하지만 가끔가다가 거대한 파도가 밀려와
해일이 일어나고 지진으로 인해
땅바닥이 뒤집어 지거나
화산으로 인해 불기둥이 치솟아 올라와
당장이라도 세상을
집어 삼킬듯한 기세로
위협의 손길을 뻗치게 될 때는
마치도 신이 인간들의 오만스런 욕심에
화가 치밀어 오른듯이 여겨지기도 합니다.

오 솔 길

개구리 울음소리를 들어가며
논둑길을 걸어 가노라면
갑자기 어린 시절로 돌아가고 싶은 그리움이
사무치게 일어나는 것을 느낍니다.
저 멀리 잡초가 무성하게 우거진
농로를 따라서 소를 몰고
일터로 향하는 농부들이나
송림이 빽빽하게 들어찬 산길을 따라서
지게를 지고 가는
나무꾼들을 바라다 보노라면
나도 함께 따라서 가보고 싶은
향수가 절로 솟아 오르는 까닭은
황야에서 길을 잃고,
헤매는 새가 숲속의 보금자리를 그리워하고,
물고기도 놀던 물이 좋다고 하는 것처럼
이역만리 객지에서 홀로 떠도는 이내 몸도
역시 어머님의 품 속과 같이 아늑한
애수의 숨결이 꽃을 피우는 보금자리를
그리워하는 동물이기 때문입니다.

종달새의 죽음

종달새 한마리가 처참한 모습으로
풀섶에 죽어 넘어져 있습니다.
하지만 한번 죽은 생명은
비록 전지전능한 신이라 할지라도
다시는 일으켜 세울 수가 없는 것입니다.
그대가 만약 이런 처참한 꼴을 당하지 않았더라면
지금쯤은 능히 맑고, 따뜻한 산들바람을 타고
창공을 넘나들며 청아한 목소리로
만상의 노래를 불러주는 봄날의 가수가 되어
삶에 지친 인간들의 마음을 위로해 주고도 남음이 있을 터인즉
참으로 아쉽고, 안타까운 마음을 금할 길이 없노라!
그대는 비록 조그마한 미물로
나는 만물의 영장이란 너울을 쓰고,
세상에 모습을 드러내기는 했을지라도
자연의 섭리대로 따지자면
우리는 모두가 창조주께서 부여해주신
신성한 삶의 권리를 가지고,
세상에 태어난 형제, 자매, 친구가 아니었던가!
물론 명이 다해서 평화롭게 죽어간 것이야
어쩔 수가 없다고 할지라도
인간들의 잔인한 손길로 인해이토록 비참한 최후를
마쳤다는 생각을 하다 보면
다 같은 피조물로서 부끄러운 마음을 이기다 못해
그칠 줄 모르는 슬픔이 소낙비처럼 몰려와
나의 가슴에 안겨 소리를 지르게 하는구나!

오월의 창공

황금빛 태양 아래
끝없이 맑고, 푸른 오월의 창공 속에서
모든 삼라만상은
활기에 찬 모습으로 삶의 의지를 자랑하고,
더욱 짙어만가는
녹음의 싱그러움 속에서 들려오는
새들의 명랑한 노래소리와 더불어
화사한 몸차림으로 나물바구니를 옆에 끼고,
봄나들이를 가는 아가씨들을 향해
휘파람을 휙휙 불어대며
히야까시를 해가면서
마냥 킬킬대며 웃어대고 있는
꿈 많은 총각들의 부픈 가슴은
마치도 짝을 찾아 헤매는
외기러기와도 같이
뭉클해져 옴을 느낄 테지오.

평화의 깃발은

세상 어느 곳을 막론하고,
평화의 깃발은 갈갈이 찢겨진 채
땅속 깊이 매장되어 찾아볼 길이 없습니다.
하지만 거기에는 언제나 만민평등한 자유민주주의와
국민의 인권을 비롯한 의무, 봉사, 애국 등
인도주의에 입각한 사랑정신이나
극락과 천당 등 잡다한 수식어들이
무슨 상품의 광고처럼
떠벌리고 다니면서
입버릇처럼 쓰여지고 있다는
사실만큼은 변함이 없습니다.
하지만 유사이래 등치고, 간 내 먹기 위해
병 주고 약 주면서
눈 가리고 아웅 하는
그런 유치한 개살구들이
인간의 아픈 마음을
치유해 준 적은 한번도 없다는 것입니다.
다만 그것들을 대신해서
정의와 양심을 무시한 탐욕의 노린내가 코를 찌르는
살인, 방화, 약탈, 사기 등이 열을 잔뜩 올려 주면서
도둑의 탈을 쓴 강자들에게는
승리의 월계관이 씌워주는가 하면
새롭고도 괴상망측한 우상들이
속속들이 나타나서
신의 자리를 찬탈하기 위해

우리의 눈을 교묘하게 속이다가
자취도 없이 사라져가는 것을 봅니다.
그럼에도 불구하고 자비스럽다는
신의 사랑이란 것이 고작해야
저들의 편에서 겨우 젯밥이나 받아먹는
신세로 타락을 하고 말았기 때문에
오늘도 설 자리를 잃어버린 약자들은
갈등과 반목의 요새에서
절망에 몸부림을 치면서
울부짖고 있는 것이려니
오직 당신에게 바라고 싶은 것은
당신이 천지를 창조할 때
인간들과 언약했던 말씀대로
빈곤의 아픔과 억압받는 자들의
갈증난 목을 축여주시고,
잃어버린 삶의 권리를 되찾을 수 있게끔
누더기가 되어버린
삶의 옷을 꿰매어 달라는 것입니다.

사랑하는 연인과의 이별

하늘은 먹구름으로 뒤덮인 채
천둥 번개가 으르릉거리며
세상을 금방이라도 부숴버릴 듯한
무서운 기세로 울부짖고 있는 마당에
그대는 어디를 가시려고,
그렇게도 눈물을 글썽글썽 흘리면서
보따리를 주섬주섬 챙기고 있는 것입니까?
물론 나의 집은 가난하여
빈곤의 때가 줄줄 흐르고 있기 때문에
더 이상 머물러 달라고,
울며 불며 애걸을 할 수는 없을지라도
세상을 살아가는 이치가 그러하듯이
봄이 되면 씨를 뿌리고, 가을이 되면
풍성한 결실을 맺을 수가 있게 되는 것은
자연이 우리에게 베풀어주는
삶의 선물이 되고도 남을진대
참으로 안타까운 마음을
떨쳐 버릴 수가 없다는 것입니다.
하지만 그대가 부디 가겠다고 고집을 부린다면
나 역시도 사내대장부로서 이별의 아픔에
눈물이 아주 없는 것은 아니지만
그것은 전적으로 그대의 권리에 속하는 것인만큼
구태여 잡지는 않을 것이니
어서 가셔서 나처럼 진심으로
당신을 사랑해줄 좋은 사람을 만나서

죽는 날까지 행복한 삶이 되기를 기원할 뿐입니다.
그렇게도 믿고 따르던 사랑의 약속이
덧없는 꿈처럼 허망하게 깨지다니
이별 금할 수가 없다는 것입니다.

불꺼진 이 밤에

오늘도 불꺼진 이 밤에
사나운 승냥이떼들이
연약한 짐승의 피를 빨기 위해
혈안이 되어 날뛰는 기세가
마치도 타오르는 요원의 불길과도 같아서
막을 길이 없는 민중들은 겁에 질린 나머지
그것이 자신들을 괴롭히는
악마들의 소행인줄을 뻔히 알면서도
너나 없이 그들의 발 아래 엎드려
마치도 달보고 짖어대는 개처럼
평화스런 시대의 고장이라
말들을 하고 있습니다.

호곡소리

쓸쓸한 들녘에서는 지금도
컴컴한 밤중만 되면
수 많은 세대에 걸쳐 무법천지가 판을 쳤던
이 땅에 태어났기 때문에
죽는 날까지 종살이 신세를 면하지 못한 채
짓눌리고 착취를 당하면서
헐벗고 굶주림에 허덕이다가
임금이나 양반을 비롯한 부자들이 병이 났을 때는
가차없이 그들의 탕약 때문에
아무런 죄도 없이 억울하게 죽어간
구천에 떠도는 귀신들의 쌓이고 쌓인
영원한 한풀이들이 바람결에 따라
끊일듯이 말듯이 들려오고 있습니다.
그들의 한에 맺힌 소리들은 시대의 모양새에 따라
각각 다르게 들려오고 있습니다.
다 같은 인두겁을 쓰고 세상에 나왔건만
피도 눈물도 없는 탐관오리들이
쳐놓은 탐학의 거미줄에 걸려서
깎일대로 깎이고 짓밟힌 채 억압 속에서 견디다 못해
굶어 죽으나 맞아 죽으나 마찬가지로
악을 바락바락 쓰다가 죽어간 소리
제 아무리 날고 뛰는 재주를 가졌을지라도
가난한 상놈이나 종으로 태어났기 때문에
출세를 못하고 찢어지는 가슴을 부둥켜안고,
피눈물을 흘리며 억울하게 죽어간 한

뺏고, 뺏기는 피로 물든 인간역사의
뿌리 깊은 갈등 속에서
바른 말을 하다가 역적이나
빨갱이나 반동으로 몰려죽은 한
탁상시계 하나씩을 선물로 받고,
사망진단서에 도장을 찍고,
망국을 초래하여 깎일대로 깎이다가
팔일오의 만세소리 순식간에 지나가고
믿는 도끼에 발등을 찍힌 것처럼
강대국들의 달콤한 농간질로 인해
남북분단을 자초하고,
육이오동란의 와중에서 피아가 갈릴 때마다
죄 없는 양민들이 빨갱이나 반동으로 몰려
동포끼리 쳐죽였던 만행들과
다 똑같이 큰나라에게 꾹 눌려서
입에다 재갈을 물린 말처럼
채찍을 맞아가며 달려가는
꼭두각시 주제에
구렁이 제 몸 추듯
국부니, 위대한 영도자니 뭐니 하고,
민족태양 운운하며
자신들만이 애국자이고,
다른쪽은 민족 반역자라고,
약을 박박 올려대며
잡아먹지 못해 환장한 나머지

서로가 오랑캐라고 욕지거리로 능욕하는 것은
마치도 똥 묻은 개가
겨 묻은 개를 나무람하는 격이나
다름이 없다는 것입니다.

길을 가다가 만난 어느 소년과의 대화

소년이여! 무슨 일을 하든지간에
그대가 바라는 목적을 향해
열심히 찾고 구하는 길만이
그대의 삶을 더욱 살찌게 할 것을
믿어마지 않습니다.
물론 그대와 같이 티없이 맑은
대화를 나누며 순탄한 대로를
가는 것도 싫은 것은 아닙니다
하지만 나에게는 보다 더 쓸쓸하고,
차가운 나그네길을
가야만 하는 운명이니
오직 하루하루가
그대의 품에서 뜻있게 자라나
영광된 그날이 오기까지 가득히
피어나기를 바라면서
이만 이별의 인사를 드립니다.

고향예찬

봄볕같이 따뜻하고 아늑한 어머님의 품 속에 안겨
잠을 자는 아기처럼
꿈 속에서 마저도 그려보는 고향의 산하여!
물론 타향의 들판도 정이 들면
고향과 같다는 노래도 있기는 합니다만
어찌 나를 길러주시고, 아껴주신 부모 형제와
어린 시절 친구들과 함께 어울려 다니면서
늘 까불던 동심의 꿈이 서려있는
고향의 들판과 같으리오.
그래서 오늘도 다시 한번 불러보는 고향의 벗들에게
야박하기 그지 없는 이역만리 고뇌의 땅에서
아직도 별탈 없이 잘들 지내고 있는지 문안을 드립니다.
만약 우리 또래 중에서 누가 불운을 만나
이미 저 세상으로 떠나 갔다면
먼저 가신 사람은 나이의 고하를 막론하고,
저승의 선배가 되려니
만약 하늘나라에 천국이나 극락이 있다면
나중에 후배들이 가서 편안히 쉴 수 있도록
자리을 좀 잡아놓길 바랄 뿐이고,
다행이도 아직까지
살아있는 여러분 만큼은 단 한번뿐인 인생을
좀더 즐겁고, 신나게 살다가
떠나가는 삶이 되기를 바랍니다.

화 장 터

사람의 육신을 사정없이 불태우는
화장연기가 자취도 없이
허공으로 사라져가는 가운데
사랑하던 애인이나 친구를 비롯한
부모님의 죽음을 이별하고 슬퍼하는
통곡소리가 마치도 꺼억꺼억 하고,
울어대는 거위들의 슬픔처럼 들려오고 있습니다.
거기따라 영혼 만큼은 제발 극락이나
천국으로 올라가 영원토록 복락을 누리며
살 수가 있게끔 부탁을 하면서
울고 불고 난리를 쳐대는 소리와 함께
염불소리와 기도소리가 범벅이 된 채로
마치도 귀신이 씻나락 까먹는 소리처럼
우렁우렁 들려오고 있습니다.
나 원 참 사람의 시체가 불에 타서 연기로 살라져가다니
삶이란 참으로 허무하기 짝이 없다는 것입니다.
하지만 죽음이란 게 워낙 누가 누굴 미워서
죗값으로 잡아가는 것도 아니고,
모든 대소미물에 이르기까지
삶의 대지에 잠시 뿌리를 내렸다가
때가 되면 바람에 날려 하염없이 떨어지는 낙엽처럼
자연의 섭리가 되는 것이 당연한 이치가 될진대
눈물을 흘리며 잡는다고 해서
사정을 봐주는 것도 아니고,
꽃은 어차피 떨어져 나가야만

열매를 맺게 되는 것과 같이
자신들이 본래 왔던 고향으로 돌아가
편히들 푹 쉬라고 하는 것인데
어찌하라고, 그렇게들 서러워 하시는 것입니까!

부와 명예

인면에 수심이 가득찬 나머지
불법과 편법으로 부자가 된 사람들과
다채로운 향락을 위해서는
물불을 가리지 않고,
남을 등쳐먹는데는
아주 이골이 나서 짝할 데가 없는
교활한 무리들은 오늘도 끊임없이
자신들의 보잘 것 없는 얼굴을 감추기 위해
이미 백인이 쓰다버린
쓰레기문화를 몽땅 주워다가
걸치고 다니는 것을 꽤나큰 자랑거리로 생각하고 있습니다.
히피의 흉내나 내면서 꼴값 하고 다니는 것이
민주주의인양 하고 다니는
그대들이 몸에 걸치고 다니는 호사스런 장신구들이
겉으로는 보기엔 비록 아름답게 보인다고 할지라도
그것들의 정체는 한결같이
헐떡거리며 숨져가는 듯한
민중들의 한숨 섞인 고통 속에서
짜낸 피눈물로서 빈축의 옷을 입고,
증오의 잔치만을 베풀어왔던 것인만큼
그대들이 자신들의 신분을 과시하기 위해
이것 저것 가리지 않고, 붙이고 다니는 도둑의 사치품들은
정녕 탐욕이 허영과 간통을 해서 만들어낸
무식의 소치에서 오는 것임을 아셔야 한다는 것입니다.
하지만 무식에는 약이 없습니다.

오로지 발등에 불이 떨어지고,
뜨거운 국에 따끔한 맛을 봐야만
비로소 정신이 번쩍 들기는 합니다.
하지만 그것은 이미 엎지러진 물이며
한번 쏜 화살은 되돌아오지 않기 때문에
이들이 퍼뜨리는 전염병들은
아주 만만한 존재가 아니어서
만약 이런 고약한 세균덩어리들이 야합을 해서
화음을 이룬다면 이거야말로
동서고금의 흥망성쇠가 말해주듯이
사상과 이념을 초월한 시대의 망국병으로서
사람들이 본심을 잃고,
사치에 눈이 어두운 나머지
부정을 자행하는 것을
망국의 조짐이라 할진대
그대들의 검은 마음 속에 독사처럼 도사리고 있는
쓸모 없는 치장과 차별하는 마음을 모두 벗어던지고,
결코 꾸며진 명예나 사치로서 거드름을 피우며
개처럼 멍멍 짖어대는
망나니가 되어서는 안된다는 것입니다.

야 자 수

이글이글 타오르는
열대의 폭양에도 아랑곳하지를 않은 채
하늘을 향해 꿋꿋하게 솟아오른
푸르고, 푸른 생명의 생명이여!
그대는 한치의 땅이라도
더 많이 뺏기 위해 평화란 너울을 쓰고,
자연을 초토화시키고
인간이 인간을 살육하는
저 잔인한 포성이 마치도
붉은 악마의 음성처럼
천지를 뒤흔들며
신성한 대지를
갈기갈기 찢어놓고,
죄 없는 인간들이
시산혈하를 이루며 죽어가고 있는
저 참상을 정녕 지켜보고 있는 것입니까?
하지만 태초 이래 삶과 죽음을 조작하고,
세상의 역사를 이끌어 가신다는
신은 불의를 미워하고, 정의와 평화를 사랑하는
사람들의 편을 들어 주신다고,
항상 입이 닳도록 자랑을 해왔는데
신은 어찌된 탓인지
전쟁은 살인과 파괴로 인해
인간들의 평화스런 삶의 터전을 황폐케 만들고,
말할 수 없는 마음의 상처를 남겨주고 있음에도

눈 하나 까딱하지 않은 채
전쟁은 살인이 아니고,
평화라고 말하는
저들의 뇌꼴스런 말장난에 놀아나고 있는지
참으로 어처구니가 없다는 것입니다.

〈1967년 4월의 어느날 월남에서 전투를 하다가
야자수 그늘 밑에서 휴식을 취하면서〉

앵무새와 원숭이

앵무새란 녀석이 비록 자발적으로
창조하는 재능은 없을지라도
인간의 말을 흉내내고,
새끼들을 먹여 살리기 위해
부지런히 일하는 재주만큼은 사람 못지 않게
아주 능수능란한 기술을 가지고 있습니다.
그래서 사람들은 언제나 영리한 새라고
애칭을 하면서 잡아다가 돈을 받고 팔거나
높은 사람에게 아부를 하기 위해
선물을 주기도 하고,
새장 속에 가둬놓고,
이러쿵저러쿵하면서
제멋대로 가지고 놀면서
심심함을 달래고 있습니다.

원숭이란 녀석도 역시 생김새로 보나
뭐로 보더라도
사람들의 행동거지를 흉내내거나
자신들의 생존을 위해 부지런히 일하는 재주만큼은
귀신의 뺨을 칠 정도로 둘째가라면
서러워할 재주꾼이라는 것쯤은
이미 널리 알려진 사실입니다.
그래서 돈벌이에 눈이 뒤집힌 사람들은
녀석들을 잡아다가 동물원 철창 속에 가둬놓고,
사람들에게 구경을 시킵니다.

혹은 서커스 무대 위에다 데려다 놓고,
잔재주를 부리게 하는 훈련을 시켜서
돈을 벌고 있는 것은
동서고금을 통해서 흔히 볼 수 있는 일입니다.
하기야 그도 그럴 수밖에 없는 것이
도덕이 무너지고,
돈이나 백이나 권력이나 종교의 카리스마가
지배하는 이 위선의 탈을 쓴 인간 세상에서도
역시 원숭이나 앵무새처럼
이리저리 이끌려 다니며
위에서 시키는대로 흉내를 잘 내고,
재주를 잘 부리는 꼭두각시가 되어야만
아주 똑똑한 사람으로 인정되어
존경을 받거나 큰 나라에 기대서
권력을 차용해
세상을 한번 호령을 하게 되면
새새끼, 고양이, 쥐새끼나 벌레들까지도
몽땅 몰려나와 머리를 조아리며
살아가는 것이 제법 똑똑한 사람으로
인정을 받을 수 있는 세상이 되었기 때문이라고
할 수가 있겠지요.

인간들의 지혜

다른 동물들과는 달리
유난히도 만물의 영장임을 과시하는
인간들의 지혜란 것은
탐욕에 사로잡힌 나머지
물불을 가리지 않고, 포악하게 날뛰는
권력자나 종교인들을 비롯한 대기업가들이
민중의 노동력을 착취하거나 재산을 강탈하기 위해
계략과 간통으로 만든 사생아란 것을 아셔야 한다는 것입니다.
당신들이 그토록 자랑하고, 뽐내며 과시하는
잔꾀가 거짓된 빛깔로 무장을 하고,
지상에 군림을 하면서부터
인간의 순수한 본성은 마비된 채
거짓과 욕심으로 변하여
지나치고, 서투른 장난질로 인해
세상의 평화는 깨어지고,
자연은 먹칠을 가해서 산뜻한 빛을 잃어가고,
들려오는 것은 빈곤에 찌든 사람들이
거리를 방황하며 배고파서 못살겠다고,
하늘을 원망하며 질러대는 고함소리 뿐이려니
맑은 지혜로서 당신의 뇌리 속에 깃들어 있는
탐욕으로 얼룩진 추악한 기만을 씻어내고,
남에게 헌신하는 마음으로 사랑을 베풀어 주거나
하늘의 뜻에 따라 욕심을 부리지 않고,
살아가는 것은 탓할 바가 못된다고 할지라도
지혜로서 인간이 가야 할 올바른 도리를 망각하고,

천명을 어기면서 타인의 인권을 유린하고,
남의 것을 뺏어 먹기 위해 사기를 치거나
고작해야 힘의 위세를 과시하며
남의 나라를 침범하여
그 나라의 백성을 노예로 삼거나
말을 듣지 않으면
눈 하나 깜짝하지 않은 채
살인을 하거나
허황된 말로 천국이나 극락을 들먹거리며
남의 재물을 노리는 것은
정녕코 사람의 도리에 어긋나는 행위가 되는 것이려니
오! 어리석은 망군들이여!
부디 지혜로운 반성을 통해
그대들의 가슴속 깊숙이
총알처럼 박혀 있는
오만과 욕심의 불을 끄고,
참회의 눈물을 흘리며
자중하는 마음을 가지라는 것입니다.

지자들에게

지자들이여! 그대들의 구슬같은
학문을 어디다 쓰시려고
그렇게도 거만한 태도로
사람들을 깔보시는 것입니까
그대들이 정녕 진정한 학자라면
먼저 그대들의 얼굴빛에 서려 있는 자만심을 고치시고,
진정한 인간정신으로 돌아와 달라는 것입니다.
그리고 결코 물고기를 잡기 위해
그물을 치는 버릇을 삼가해 주시고,
우주의 질서를 파괴하고,
허망한 꿈을 안겨주는
고질적인 우상을 파괴하는데
헌신의 날개를 활짝 펼쳐 주십시오!
그리고 또 그른 것이 옳은 것처럼
허망한 지식으로 교묘하게 사람들을 미혹되게 만드는
종교적 잠에서 깨어나게 하시고,
순박한 인정이 넘쳐 흐르는
평화스런 세상이 올 수가 있게끔
메마른 대지를 촉촉이 적셔주는
가뭄의 단비처럼 촉진제가 될 수 있도록
뒤틀린 마음 속에서 방황하는
인간들에게 옳고 그름을 명확하게 가릴 수 있게끔
양심의 다리를 놓아 달라는 것입니다.
그리고 명예와 재물과 더러운 권력에
눈이 뒤집힌 나머지

존엄한 학문을 구부려
시세에 따라 권세에 아부하며
왔다리갔다리를 하면서
간과 쓸개를 내보이는 것들은 세상을 속이고,
그대들의 인격을 더욱 추하게 만드는 짓이려니
그대들의 참다운 학문이
사회의 아름다운 귀감이 되도록
등대와 촛불이 될 때
우리들의 사소한 생활양식에도
힘차게 솟아오르는 저 태양의 기백과도 같이
눈부신 활력소가 가득히 피어날 것입니다.
하지만 남의 물건을 훔치는 것이
도둑이라 말할진대
당신들이 남의 지적인 학문을 훔쳐다 베끼거나
역사를 조작해서 학생들에게 가르치며
지식자랑을 하는 것은
뒤에 오는 사람들의 눈을 멀게 하고,
귀를 먹게 하여 결국은
이 민족을 산 채로 무덤에 갇히는
신세가 되게 할 것입니다.

고 도

수평선 저 너머로
외딴섬 하나가 무슨 고독에 잠긴 사람처럼
외롭게 서 있고,
갈매기떼들은
세상이 마치도 자신들만의 것인양
드넓은 수평선을 희희낙락 누빕니다.
그리고 푸른 바다 위로는
검은 잠수복으로 무장한 해녀들이
하얀 바구니를 물 위에 띄워놓고,
잔잔한 물결의 리듬에 맞춰
헤엄쳐가는 끈질긴 모습들이
운명의 순종인양
한폭의 파노라마 처럼
눈 앞에 가득히 펼쳐지고 있습니다.

산 송장이나 다름 없는

나의 조국 남녘땅은
미 정보국 감시 하에
죄인처럼 신세가 되어
눈물을 흘리고 있다는 것을
당신은 아직도 깨닫지를 못하고 있는 것입니까?
그리고 쪽바리 왜놈들 역시도
호랑이같은 미 형님들 무서워서
감히 앞에 나서지를 못하고,
다만 변소간 주변에 똥파리 꾀듯이
슬금슬금 눈치를 봐가며
독도라도 좀 먹겠다고 깝죽거리며
시비를 걸어오고 있는 것이
아직도 귀에 들리지를 않는 것입니까?

산 송장이나 다름 없는
나의 조국 북녘땅은
무슨 죄가 그리도 많기에
오늘도 끊임없이 떼놈들이
우리의 발목에다 차꼬를 채워놓고,
육이오 동란 때 도와준 대가로
백두산 천지의 반을 빼앗아 가고도
아직도 양이 덜찬 나머지
함경도 땅이 자기네들 것이라고,
우기는가 했더니 기왕에 먹는 것
통째로 다 뜯어먹기 위해

동북공정이란 미명 하에
녹피에 가로왈자 식으로
만리장성을 황해도까지 그려놓고,
이제는 숫제 송두리째 다 빼어먹기 위해
한강 이북을 자기네 땅이라고,
지들 마음대로 역사를 조작하고 있는 까닭은
공자와 주자의 수레가 한반도까지 굴러오는 바람에
중국은 유교로서 조선조정을
자신들이 시키면 시키는대로
물고, 뜯고, 찢어발기게 만드는
개훈련을 시켜왔기 때문에
사대주의에 눈이 뒤집힌
우리의 못난 조상들이
자주적으로 역사를 이끌어 나가는
창조정신을 결여한 채
자기 것들은 모두 다 쓰레기통에다 던져버리고,
떼놈들의 뒤꽁무니를 졸졸 따라다니며
그들이 좌지우지할 때마다 조선은 마치도
깃대에 달아놓은 풍선과도 같이
바람이 불면 부는대로 흔들릴 수밖에 없었기 때문에
한국의 역사를 망쳐놓은 데다
결국은 나라가 망하였고,
현재 우리가 보는 바와 같이
열등한 국가로 타락하여
우리를 바보로 만들어 놓았던 탓이려니

이제부터라도 늦지는 않았으니
하루속히 몽롱한 잠에서 깨어나
다시는 그들이 우리를 얕잡아보지 않게끔
사상과 이념을 초월하여
남북통일을 이룩하고,
아직도 우리 조상의 살과 피와 영혼이 살아서
용트림을 하고 있는 잃어버린 고토를 되찾아서
거기다가 민족정기를 상징하는 탑을 세우자고,
기상나팔을 불어대는 까닭이
바로 여기에 있습니다.

어둠 속

성난 눈보라가 하염없이 휘몰아치는
어둠이 산적한 산길을 가다 보면
해괴하고 괴상망측한 망령들이
뒤에서 따라오는 것 같은 느낌에
온몸이 오싹하고 머리끝이 쭈뼛해져 옵니다.
하지만 나는 추호도 거리낄 것이 없으니까
죽일 테면 죽이고, 살릴테면 살리든지
너희들이 원하는대로 해보라고 떳떳하게 말합니다.
왜냐하면 나는 지금까지 남에게 해를 끼친 적이
눈곱만큼도 없는 데다 내가 지니고 있는
맑은 이성의 눈빛은
투창처럼 날카롭고,
태양보다도 더 밝으며
바다보다도 더 깊은 심오함으로
헛것들의 경거망동한 행동을
능히 제압하고도 남음이 있기 때문입니다.

운명의 장난

인간이란 누구나를 막론하고,
삼신할머니의 뜻대로
평등하게 태어나게 마련입니다.
하지만 짓궂은 운명의 여신은
인간이 세상에 태어나는 바로
그 순간부터 이리저리 이끌고 다니면서
전통적인 신분관념에다 직업적인 구분을 더해서
각종 희망의 실마리 마저도 끊어버리고도
양이 덜찬 나머지
사람들의 원대한 꿈을
삶의 틀 속에다 가둬놓고,
제멋대로 채찍을 휘두르며
갖가지 고초를 안겨주는
망나니 역할을 충실히 수행하고 있습니다.
그래서 사람들은 자신에게 다가온 운명을
한없이 원망하고, 슬퍼하면서
그런 혹독한 고초를 피해가기 위해
안간힘을 다하면서 온갖 재주를 부립니다.
하지만 운명의 여신은
우리들의 삶의 뒤를 졸졸 따라다니며
제 아무리 떠들어대도
소용이 없다는듯이
배짱을 부리면서 비웃음이나 칠뿐
그들의 허튼 수작에 호락호락하게
넘어가는 어리석음을 범하지는 않습니다.

그래서 지금 이 순간에도 집 없는 자는
남의 집 처마 밑에서 덜덜 떨어가며
한대서 잠을 자고 있으며
외로운 자는 고독에 잠긴 채
온 밤을 뜬 눈으로 지새우고,
배고픈 자는 배를 움켜쥔 채
고르지 못한 세상을 원망하고 있습니다.
오! 인간을 초라한 걸인의
신세로 만들어 버린 잔인한 운명의 여신이여!
그렇다고 해서 인간의 고통이 마치도 그대가 정해준
불문율이라도 되는 양
자발을 떨어대며
빈곤의 늪에서 몸부림치는 자들에게
더욱 악랄한 채찍을 가하지는 말지어다.
그대의 그런 심술궂은 장난은
아무리 보아도 사촌이 땅 사면 배가 아파서 못견디는
권력의 술에 취한 탐욕자들의
소행이나 다름이 없을진대
그대가 진정으로 신의 소명을 받은
심부름꾼이라 자부를 할진대
진실하고, 참된 마음으로 순수성을 지켜가며
성실한 노력으로
삶에 도전하는 사람들에게는
부디 좀 먹고라도 살아갈 수가 있게끔
너그러운 마음으로 온정을 베풀어 주시고,

간사하고, 엉큼한 수단으로
사람을 농락하고,
자신의 욕심을 채우기 위해 잔재주를 부리는
파렴치한 자들에게는
가혹한 시련을 안겨줄 수는 없겠는지
부디 자중하는 마음을 가지라는 것입니다.

오! 인간을 초라하게 만들어버린
잔인한 운명의 여신이여!
나는 시인의 권리로서 그대에게 고하노라!
지금 이 순간에도
세계 도처에서는 잔악하고, 극성스런 자들이
그럴듯한 술수로서
그대의 눈을 교묘하게 속이고 있음을…

오! 운명이여! 부디 자중하고,
겸손하여라!
그대는 신의 천사로서의
선량한 소임을 잊었단 말인가?
아무래도 나로서는 사촌이 땅 사면
배가 아파 못견디는 그대의 변덕맞은
심보를 알아낼 방도가 없나니
오! 얄궂은 운명의 장난이여!
오늘도 어두운 몽마에 짓찢겨진 외로운 사람들은
가는 곳마다에서

그대의 이유없은 불공평에
몸부림을 치고 있노라!

하지만 나는 운명의 여신이 가혹한
채찍을 들고, 눈을 부릅뜨고,
위협을 할지라도 머리를 숙이고 조아리며
살아가는 비겁한 겁쟁이가 되지는 않으련다.
왜냐하면 인생을 좌우하는 가장 큰 비밀은
아무런 욕심이나 과대망상에
눈이 뒤집히지 않는 한
그대가 후려치는 혹독한 채찍이
나의 정신을 옭아매기 위해
염라대왕처럼 두 눈을 부릅뜨고,
호령을 할지라도
자랑스럽게 머리를 조아리며
비대발괄을 하면서까지
살아갈 필요성을 느끼지 않기 때문이어라!
보시는 바와 같이 운명이란 불사조는
다만 삶의 싸움터에서
서로 독차지하기 위해
눈에다 쌍불을 켜고,
서로 잡아먹지 못해 환장을 하는
사람들에 대해서만 상관을 하기 때문에
내가 비록 가난은 할지라도
남의 것에 눈독을 들이지 않고,

나의 삶을 누구에게 의탁함이 없이
스스로의 신념과 의지로서
꾸준히 밀고 나가는 삶의 투사가 되면
모든 고통이나 슬픔도 그대에게 머리를 숙이고,
경배를 드리게 되는 것은
운명이란 다름이 아니고,
자신이 행한 결과의 산물로서
찾아오는 친구가 되기 때문이려니
그대의 정신 속에서 불길처럼 타오르는
탐욕을 다스리지 못할진대
당신은 결국 운명에게 지배를 당하여
스스로 멸망을 초래하게 되는 것이
인간의 역사이기 때문입니다.

자살터

자살터 바위에다 두 발을 딛고,
천길이나 되는 낭떠러지 밑을 내려다 보노라면
안개는 마치도 야밤에 쥐를 잡아먹기 위해
살금살금 돌아다니는 도둑고양이처럼
해벽을 감싸고 돌면서 능글능글 피어오르고 있습니다.
그리고 저 멀리 드넓은 수평선으로부터는
일만이랑의 성난 파도가
하얀 물거품을 일으키며
세상을 단숨에 집어 삼킬듯한 맹렬한 기세로
힘차게 돌진해 오다가
해벽에 부딪치는 바람에 더 이상 갈 길이 막힌 나머지
마치도 굶주림에 시달린 맹수가
약한 짐승을 잡아 먹기 위해
으르릉거리며 달겨드는 것처럼 울부짖고 있는데다
더욱 세차게 불어오는 찬바람은
금방이라도 나를 절벽 밑으로
휘날려 버릴듯한 기세로 머리칼을 흩날리고 있는 가운데
갈대로 뒤덮인 저쪽 언저리에서는
귀여운 물새떼들이
마치도 나의 죽음을 만류라도 하는양
짹짹거리며 들려오고 있었기 때문에
나는 인생을 다시 한번 생각해 보기 위해
그만 발길을 돌이키고 말았습니다.
하지만 기왕 떠나는 마당에
그대들에게 부탁을 하노니

나와 같이 삶의 가시밭길에서 의지와 용기를 잃고,
세파에 굴복한 자들을 대할 때마다
이들의 고통을 본체 만체 하지를 마시고,
또다시 재기를 해서 꿋꿋하게 살아갈 수 있게끔
부드럽고, 다정한 목소리로
이들의 경거망동을 한사코 만류해 달라고 말입니다.

〈1978년 10월 캘리포니아 해벽에서〉

노동자들의 삶

햇빛이 따갑게 내리쬐는
거치른 벌판이나 공사장에서
삽과 곡괭이로 딱딱한 땅을 내리찍는
얼굴이 새까맣고,
등이 굽은 현대판 임금 노예들이나
공단에서 저임금을 받아가며 일을 하는
일꾼들은 오늘도 십장의 따가운 눈총을 받아가며
하루 종일 끼니조차 제대로 때우지 못한 채
똥빠지게 피땀을 흘려가며 일을 해도
일한 대가 만큼의 보수가 주어지지를 않습니다.
다만 피로에 지친 그들의 충혈된 눈과
파리한 입술이 말해주듯이
좀처럼 하루살이 신세를 면하지 못한 채
절망의 그림자만이 암운을 드리운 채
자식 걱정과 아내의 바가지 긁는 소리를 들어가며
한숨만 푹푹 내쉬고 있을 뿐입니다.
하지만 노략질을 일삼는 권력자들이나
헛된 말로 민중을 기만하는
종교인들은 하늘나라가 그들의 것이니
두드리면 저절로 열려서
신이 복을 내려 준다거나
빈곤한 민중이 국가의 주인이라고,
입버릇처럼 허풍을 칩니다.
하지만 이런 새빨간 거짓말들은
사람을 부려먹고,

재물을 착취하기 위해
기만하는 수작의 도구로 사용될 뿐
제 아무리 천리마라 할지라도
먹지를 못하면 힘이 없어 달리지를 못하고,
금강산도 식후경이라고 하듯이
빈곤과 기아로 인해
고통을 받고 있는 이들은
다만 혹독한 노동을 통해서
식생활을 해결하는 동물에 지나지 않을뿐
하루 세끼 밥이나 굶지 않으면
천만다행으로 여겨질 뿐입니다.

옛 고 장

나는 가고 있습니다.
잃어버린 인간의 고향을 찾아서…
이곳은 태초에 신이 천지만물을 창조할 때
모든 인간들이 골고루 태평성대를 누리며
살아갈 수 있게끔 선물로 내려주신
평화의 고장인 만큼 어느 누구도 감히
침범할 권리가 없다는 것입니다.
거기서는 모든 감정과 선과 악한 마음들이
하나로 통일되어 달콤한 조화를 이룰 수 있게끔
빈부귀천이나 상하주종의 관계나
우리들의 삶을 짓누르기 위해
사납게 짖어대는 사냥개들은 씨조차 찾아 볼 수가 없고,
다만 너와 내가 사람으로서
사람의 가치를 존중해 주면서
온갖 자연의 신성한 벗들이
인간의 고뇌에 얽힌 하소연을 풀어주기 위해
맑은 시냇물이 졸졸 흘러가는 가운데
나비들은 두둥실 꽃을 찾아 날아들고,
새들의 명랑한 노래소리와 더불어
때묻지 않은 온갖 자연의 화음들이
혼연일체가 되어 세속에 지친
손님들을 맞이하기 위해
위로의 노래를 부르며
바쁜 잔치를 벌이고 있는 곳이려니
오! 구더기가 똥물을 마시면서

맑은 물을 마시는 것처럼
거친 문명의 거리에서
갈등과 속임수에 지친 나머지
삶의 갈증에 허덕이는 이들에게
잠시나마 마음을 가다듬고,
그 거친 뇌옥의 틈바구니 속에서 빠져나와
전원의 향기가 감도는
이 고요하고 평화로운 낙원에서
잠시나마 당신의 피곤에 지친 날개를 쉬시면서
늘 푸른 생명들과 함께 삶의 찬가를 부르며
자연 그대로의 때묻지 않은 삶을
만끽해 보시라고 권해보는 것입니다.
탐욕의 노린내와 질병으로 가득찬
저 거리는 정녕 황혼을 재촉하며
서글픈 가락을 토해내고 있기 때문입니다.

로렐라이

해거름이 드리운 암벽 밑으로는
라인강물이 유유히 흘러가는 가운데
아기자기한 산들의 풍경 속에다
마치도 수를 놓은 것처럼
드문드문 박혀 있는 고대의 우람한 성채들이
금상첨화격으로 주변의 경치를
더욱 아름답게 장식하고 있습니다.
하지만 바위에 앉아서
금빛찬란한 저녁 햇살을 받아가며
황금빛으로 머리를 빗고 있었다는
금발의 아가씨에 대한 전설을 노래한
시인묵객들은 이미 가고 없는데다
다만 로렐라이의 언덕을 스치고 지나가는
바람 소리만이 쓸쓸하게 들려와
나그네의 마음에
인생의 무상함을 더해 주고 있습니다.

죽음

사람이 세상에 태어나서
유년과 청년과 노년으로 향하는
삶의 모습은 제각기 다를지라도
순수한 영혼은 때가 되면
영원히 흘러가는 세월의 열차를 따라잡지 못한 채
동굴 속에 갇힌 죄수처럼
현실에 얽매어 살다가
흙으로 돌아가 흩어져 버리게 되는 것은
누구의 조작에 의해서
그렇게 되는 것도 아니고,
몸뚱이란 원래의 자리로
돌아가게 되어 있는 것인만큼
대소미물에 이르기까지
수명의 장단은 있을지라도
어느 누구도 감히 그 길만은 막을 수가 없다는 것입니다.
하지만 인간이란 동물의 특성은
누구나를 막론하고,
자연의 섭리를 망각한 채
영원을 향해 줄달음치는
세월의 하늬바람 속에서
죽음의 문턱을 넘어가지 않으려고 발버둥을 칩니다.
하지만 죽음은 결코 외상은 없으니
까불지들 말고 어서들 오라고 말하면서
세상이 창조된 이래 시대와 인종과 장소에 차별을 두지 않고,
야멸차게 뿌리칩니다.

결코 빈자나 부자나
더러운 자나 순수한 자 미운 자나 고운 자
비록 왕관을 쓴 자라 할지라도
몽땅 잡아다가 자연의 품으로 안기게 하는
기술이 참으로 묘합니다.
그 대상이 비록 신의 할아버지나 아들이나
제 아무리 날고 뛰는 염라대왕이라 할지라도
그 길만은 막을 수도 없거니와
비껴가기 위한 조건으로 아부를 하거나
천하에 없는 백이나 돈을 쓰거나
무당이 상다리가 부러질 정도로 갖가지
팔진미를 차려놓고,
아무리 초혼가를 불러대며
좀 봐달라고 사정을 하면서
비대발괄을 할지라도
말짱 꽝으로 끝난 채
죽음은 인간들을 향해 어이 하고 부르면서
야, 이 자식들아! 까불지들 말고
너희들이 가진 더러운 재물이나 명예 따위 같은 것은
티끌 하나도 필요치가 않으니까
모두 다 내버리고,
우물쭈물 하지 말고, 어서들 오라고 소리를 쳐대며
너무도 고소해서 손뼉을 치면서
껄껄대고 웃어대며
약을 박박 올려대는 까닭은

100년도 채 살지를 못하고,
떠나가는 가증한 벌레들의
타고난 운명이니 어쩔 수가 없기 때문입니다.
그래서 왕이나 독재자나 부자를 비롯한
종교인들이 죽음을
가장 무서워 하면서 천국이나
극락을 찾으며 갖가지 감언이설로
민중을 기만하는 까닭도
다 이런 이유에서 비롯되는 것이려니
다만 죽음의 허무를 극복할 수 있는
유일한 길은 삶의 길을 깨닫고,
자연의 이치에 통달하고,
세상을 정직하고 참되게 살면서
남에게 사랑을 베풀어 주거나
타인의 인격을 내 몸처럼 존중해 주면서
사람다운 짓을 한 자들만이
참다운 죽음을 맞이할 수 있는 것이려니
삶과 죽음에 관해서 고민을 하거나
무서워 하는 것은
자신의 삶에 아무런 도움이 되지 못한다는 것입니다.
그래서 삶이 마지막 작별을 고하고,
영혼이 영원한 침묵 속으로 떠나갈 때가 되면
죽음의 사자는 어김없이 찾아와
인간들에게 충고를 던집니다.
여러분! 이승에서의 모든 명예와 성공과 출세는

돈이나 백을 써서 새치기를 할 수가 있지만
만민이 평등한 죽음의 세계에서는
그런 것들은 티끌만큼도 필요치 않으니까
쓸만큼 쓰고 남은 것은 거리에서
굶주림에 허덕이며 적선을 갈구하는 거지들이나
빈민들을 위해 모두 남겨 두고,
빈손으로 오라고 훈시를 하는 것입니다.
하지만 동서고금을 막론하고,
왕이나 양반이나 영웅호걸이나
부자들이나 종교인들은
죽음에 대한 교훈을 망각한 채
모든 재물에 대한 애착을 버리지 못한 채
남주기는 아깝기 때문에
아무도 모르게 땅 속에다 파묻어 놓거나
자신들이 죽으면 화려하고,
값비싼 관에다 부장품과 함께
화려하게 무덤을 써주고,
그 앞에다 자신들의 덕을 칭송하는 송덕비나
영세불망비를 비롯하여 그밖에도 흉상이나 동상을 세워서
자신들의 쥐꼬리만한 이미지를 만세에 길이길이 전해 달라고,
후손들에게 유언을 하면서
우리의 영혼은 꿈인지 회상인지
알지 못할 정도로 물줄기를 이루고 있는
적시적멸의 세계로 날아가게 되는 것입니다.
하지만 진짜는 하나도 없고,

모두가 죄악으로 얼룩진 허위와 가식만이 남아서
세월의 모래 위에 그 쥐꼬리만한 발자국을 남겨 봤자
비웃음이나 드러내고 있을 뿐이려니
한번뿐인 인생에 있어서 세상의 모든 고통과 함께
조국과 민족을 사랑하다가 죽어가지 않고서야
어찌 그 더러운 오명이 영원히 전해지길 바랄 수 있겠습니까?

죽음의 세계란

삶에 지친 인간들의 영혼이
육체의 고통을 벗어나는 순간
극락이나 천국으로 올라가
즐거운 안락을 누리며
영원히 살 수 있는 자비의 안식처라고 하는 말들은
석가나 예수를 비롯한 마호메트나
그밖에도 그들을 추종하는 성자나 현자들이나
동서고금을 막론하고 학식깨나 좀 있다고,
거드름을 피우는 학자들의 말을 통해서
귀가 따갑도록 듣기는 했습니다.
그들도 역시 삶의 여정이란 것이
늘 괴롭고, 오르기 힘든
험난한 길이기 때문에
인생이 허무한 나머지
달리 할 말이 없으니까
잘난 체를 하기 위해
수박 겉 핥기 식으로나마
아는 척을 하느라고 흔히 입버릇처럼 던지는
말장난이 되겠지오.
하지만 대소미물에 이르기까지
날 때는 순서가 있지만
죽음이란 언제나 때와 장소를 가리지 않고,
빈부귀천, 늙고 젊음에 순서가 없이
느닷없이 찾아와
배고픈 사람들이 배불리 먹어보고 싶은

한을 풀어보기도 전에
혹은 값있는 사람들이 불모의 대지에
다리를 놓기도 전에
쌀쌀맞은 계모와도 같이
알뜰하게 찾아와 인정사정 두지 않고 잡아가는
이유가 도대체 무슨 까닭에서인지
태초 이래 동서고금을 막론하고,
제 아무리 날고 뛰는 재주를 가졌다고 할지라도
수박 겉 핥기 식으로 천당이나 지옥을 찾으며
사람들에게 겁을 주었을 뿐이지
죽음에 대한 비밀을 푼 자는 하나도 없는 것이려니
오! 삶과 죽음의 갈림길에서
허망한 재주를 부리며 잘난 척하는 인간들이여!
청춘이 늙음을 이기지 못하고,
늙음이 죽음에 굴복을 하는 것은
자연의 섭리가 될진대
죽음이 그대를 부를 때
미련없이 이별을 고하고,
즐거운 마음으로 가시라는 것입니다.

부활절

오늘은 이 세상이 창조된 이래로
죽은 자 가운데서
오직 예수란 사람만이 유일하게
살아난 날이라고,
억지 춘향이 식으로 생떼를 쓰는 날입니다.
하! 하! 하! 죽은 사람이 다시 살아나서
하늘로 올라갔다고 하니
이야말로 개나 소나 돼지가 들어도
참으로 웃기는 일이 아닐 수가 없습니다.
하지만 항상 보시고, 느끼시는 바와 같이
모든 삼라만상은 각자 나름대로
삶의 의지를 자랑하고 있습니다.
새들은 봄을 만난 기쁨에 취하여
나뭇가지 위에서 환희에 찬 송가를 부릅니다.
꽃들은 아름다운 꽃망울을 쉴 새 없이 터뜨리며
부드러운 향기를 열심히 토해내고 있으며
벌들은 꽃을 빨기에 여념이 없고,
애들은 자신들의 놀이에 취해서
마냥 까불어대는 것만이 즐거운 낙이며
배고픈 거지는 깡통을 들고,
초상집 개처럼 집집마다 다니면서
작년에 왔던 각설이 타령을 연주하는 것을 보노라면
그대들이 말하는 부활의 기적이나
귀신들이 사는 천상의 영원한 복락 따위보다는
개똥밭에 굴러다니는 신세가 될지라도

이승에서의 삶이 비록 짧기는 하지만
짧기 때문에 더 좋은
지상천국이 되는 것이 아니겠습니까?

잃어버린 산하

조국이란 과연 무엇을 뜻하는 것인지
아무리 불러도 대답이 없는 까닭은
마치도 두 마리의 늑대에 의해
갈갈이 찢겨진 양처럼
그대의 살점을 갈기갈기 찢어먹기 위해
발광하는 떼강도들이 몰려와
그들이 주는대로 받아먹는
개나 돼지나 소가 되어야만
배가 부를 수 있다고
당신의 거룩한 심장에다 침을 뱉는 자들이
날이 가면 갈수록 늘어가고 있기 때문이려니
그런 치욕스런 삶이란
자주나 줏대가 없이도 먹고 살아가는 데는 별탈은 없겠지오.
개처럼 멍멍 짖거나 삶에는 생명의 빛은 사라지고,
눈과 귀를 빼앗긴 바보, 천치나
다름이 없을진대
배가 좀 부르다고 해서 설익은 과일처럼
세계적이라고 큰소리를 치면서
안하무인으로 타인을 무시하고,
돈자랑을 하면서 까불고 다니는 것은
무식의 소치에서 오는 것이려니
하루속히 몽롱한 잠에서 깨어나
제 정신으로 돌아와 달라는 것입니다.

나는 보고 있다

나는 보고 있습니다.
동서고금을 막론하고,
점잖을 빼면서
거만을 떠는
양반들의 얼굴에서는
너무 많이 먹어서
개기름이 줄줄 흘러 내리고,
배에 삼겹살이 두둑이 끼어서
남산 봉우리처럼 불쑥 튀어나와 있음을…

그리고 각종 살인무기를 만들어 가지고
불꽃 튀는 전쟁을 일으켜
서로 뺏고 빼앗는
아귀다툼 속에서
세상의 파멸을 초래케 하여
민중들의 삶에 재앙을 가져다 주는
인류의 영원한 살인자들에게는
하늘이 내린 인류의 태양이라고,
엿장수 마음대로 갖가지 호칭을 붙여가며
귀에 걸면 귀걸이 코에 걸면 코걸이 식으로
영웅이나 성자의 관을 씌워주고,
우상을 만들어 신의 자리를 탐내거나
백인들에게 충성하고 말을 잘듣는
사냥개들에게는 노벨평화상이란
마크가 붙은 개뼉다구 같은 상을 던져주고 있음을…

나는 보고 있습니다.
소위 민주주의와 평화를 위해
약소민족을 보호하고,
세계평화에 기여한다는 명목 아래
그럴싸한 양의 가면을 쓰고 있는
유엔이 실지로는 강대국들이
약소국가들을 처리하기 위해
지도를 갈라놓고, 갈등과 분열을 조장하면서
송충이가 솔잎을 갉아먹듯이
야금야금 먹어들어 가고 있는 것이
마치도 세상에 평화를 가져다 주는양
촉새처럼 자발을 떨어대며
그들의 침략에 동조하고 있음을…

나는 보고 있노라!
서로 물고 뜯는 적자생존의 싸움터에서
탐욕의 노린내가 코를 찌르는
이 더러운 오만과 악덕의 거리에서
평화로운 삶이 전쟁과 질병과 압제로 인해
목마른 나무처럼 갈증에 시달리고 있는 것과
부와 사치와 명예의 병에 물든 자들이
배불리 먹고, 싸고, 마시면서
향락하고, 즐기면서
빈곤한 사람들을 향해 던지는 모욕과
비천한 시대의 아픔을 보고싶지는 않으나

신물이 나도록 쉴 새 없이 거듭해서
또 자꾸만 할 수 없이 보면서
이렇게도 더러운 악행을 저지른 사람들을
위대한 사람으로 추앙을 하게 만들어주는
노벨평화상 속에는 자주적으로 살아가려는
약소민족의 짓밟힌 설움이 짙게 배어 있음을…

국토는 있으나 우리 것이 아닙니다

남쪽은 백인들이 주둔해 있고,
북쪽은 떼놈들과 러스키들이 있습니다.
물론 남북간에 걸쳐 국호가 있어서
언뜻 생각하기엔 자주적인 국가처럼 보이기도 합니다.
하지만 웬걸 우리에게 돌아온 것은 허울 좋은 국호일뿐
오늘날 보다시피 갈라지고 짓찢겨진
남과 북의 산하에는
약한 자들을 잡아먹고
포만에 취한 자들이 주색잡기를 즐기는
놀이터가 되어버렸기 때문입니다.
그래서 입은 오천만개가 있으나
모두가 하나같이 꿀먹은 벙어리처럼 할 말을 잃고 있는 까닭은
주둔자들을 찬양하는데 앞장서서
쪽팔리기를 좋아하는 어리석은 망상에서
깨어나지 못하였기 때문입니다.
하지만 우리가 서로 못났다고,
자신들의 역사를 헐뜯고,
매도를 하는 것은 부질없는 짓이려니
우리는 다만 역사 속에서 지나간
일들을 징계하고,
그런 과오를 거울삼아
비록 고되고, 힘들기는 할지라도
이 험난한 코스에 접근을 시도라도 해보자고
목청을 돋구며 고래고래 소리를 지르게 되는 까닭은
작은 물방울들이 모여서 내를 이루고,

냇물이 흘러서 강물이 되고,
강물이 흘러가 드넓은 바다가 되듯이
비록 남루한 옷을 걸치고,
문전걸식하는 거지나
땅바닥 구석구석에 아무렇게나 굴러 있는
돌멩이들이나 소나 개나 돼지나 쥐를 비롯한
딱정벌레 등 대소미물에 이르기까지
그들도 역시 이 땅의 주인으로서
당연히 소리를 지를만한 권리를 가지고 있기 때문에
본래 하나였던 것이 갈라진 것인만큼
우리가 뭉쳐서 통일국가를 이룰 것인지
아니면 그냥 쪼개진 상태로 영원한 적이 되어
마치도 물고 뜯는 개처럼 싸우면서 으르릉거리며
살아갈 것인지를 결정해야 한다는 것입니다.

분단의 국토

분단의 국토여!
그대는 피에 굶주린 야수들이
우리들의 사지를 찢어먹기 위해
돌진해오는 소리를 정녕 들었겠지오.
그때 권력자나 자본가나 종교인들은
죽는 것이 겁이 나서 한밑천씩 챙겨가지고,
모두 다 외국으로 빼소니를 쳤지만
이 산하를 지키려는 백성들은
이것이나마 단 하나 밖에 없는 국토를 지켜내기 위해
분노의 방아쇠를 잡아당기며
용감하게 돌진해 갔었습니다.
하지만 우리들의 한결같은 염원은 갈갈이 찢겨진 채
결국 양쪽은 모두가 적들의 포로가 되어
현재 우리들이 보고 느끼면서 겪고 있는 바와 같이
내가 내 것을 가지고도 내 맘대로 하지를 못하고,
남들에게 이끌려 다니는
비운의 조국이 되고 말았다는 것입니다.

하지만 분단의 국토여!
그대는 알고 있겠지
이 민족의 힘찬 기백이 이 땅의 구석구석까지
역력히 배어 있음을…

오! 분단의 국토여!
그대가 이 땅 위에 탄생되는 그날에

우리는 눈여겨 보았었지
이 민족이 아귀차게 뭉치고,
입술을 깨물면서 굳건한 조국의 토대 위에
힘과 혈색이 살아있는 찬연한 평화의
고장을 세우기 위해
발버둥쳐 왔음을…
하지만 종의 멍에가 양 어깨에 매어진 채
우리들의 염원은 빗나가고 말았음을…
하지만 이것이나마 하늘이 내려주신
재산이 되고도 남을진대
반드시 지켜 나가야 할 의무와 사명이 있기에
아직도 넘어야 할
고비가 산넘어 산처럼
첩첩이 겹쳐 있을지라도
참고, 또 참으면서
넘어가야 하는 까닭은
당신도 역시 조국의 품에 안겨
절대적인 헌신과 사랑을 통해서
역사를 창조하고,
희망의 노래를 부를 수 있는
주인의 권리를 가지고 있기 때문입니다.

실 업 자

나는 직장이 없어서 먹고 살기 위해
취직을 하러 갔었습니다.
그러나 여기는 사회의 입장권이 없는
당신같은 사람은 올 데가 못되니
어서 밖으로 나가라고 떠다미는 바람에
나는 할 수 없이 되돌아 나오면서
천갈래 만갈래로 흘러나오는 눈물을
주체하지 못한 채 하늘을 향해 노려 보았습니다.
하지만 빈 허공에 그 누가 있길래
나의 슬픔을 알아줄 수 있으리오.
차라리 내 마음 속에 서려 있는
가난의 아픔을 물어가는
악마라도 있으면 좋겠다는 생각 뿐
그칠 줄 모르는 슬픔이 되어도
받아낼 그릇은 하나도 없나니
내 마음 속에 실타래처럼 얽혀 있던
욕설들이 때를 만난듯이 불쑥 튀어나와 발산을 합니다.
하지만 대답은 커녕
형체없는 고통들이 떼를 지어 몰려와
나의 눈에다 눈물을 무더기로 심어주고 있을 뿐입니다.

산은 언제 보아도

영원히 푸르고 푸른 아름다운 산은
세상의 온갖 비밀을 간직한 채
인간세상을 굽어보고 있는 모습이
마치도 신의 사명을 부여받은 대리자라도 되는양
태고적부터 부딪쳐온
온갖 풍상우로나
문명의 광적인 담금질에도
조금도 소진됨이 없이
불굴의 의지를 자랑하며
항상 자나 깨나 열려 있는 모습으로
우리들의 마음을 포근하게 감싸주고 있습니다.
하지만 우리는 산이 왜 그렇게
신비롭고, 아름다운 침묵만이 감돌고 있는지
묻지를 않는 것이 해답이고,
다만 눈으로 보고, 귀로 듣고, 느끼면서
경건한 마음으로 고개를 숙이고,
감상을 하는 것이 정답이라는 것입니다.

물과 음식

원래 물과 음식은 청정한 것입니다.
하지만 그것이 소의 입으로 들어가면 우유가 되고,
독사가 먹으면 독이 되듯이
악인의 입으로 들어가면
남의 것을 뺏기 위해
살인을 하는 재료가 되기도 합니다.
하지만 그것이 착한 사람의 입으로 들어가면
사람을 사람답게 만드는 보약이 되기도 합니다.
그리고 또 그것이 곱고도 아름다운 마음씨를 가진
청순한 여인의 입으로 들어가면
귀엽고, 착한 아기를 낳아서
세상을 이롭게 만드는 재목이 되기도 합니다.
그리고 식물이 먹으면 각종 아름다운 꽃들을 피워서
쉴 새 없이 그윽한 향기를 풍겨주기도 합니다.
하지만 그것이 욕심 많은 왕이나
양반이나 독재자의 입으로 들어가면
불의와 비리를 일삼으며
국민의 자유와 인권을 빼앗고,
짓밟는 착취의 도구가 되어
세상을 생지옥으로 만들어 버리는
씨앗이 되어 민중의 원성이
하늘을 찌를듯이 들려오기도 합니다.
거기따라 권력에 아삼육인 목사나 스님들의 입으로 들어가면
허무한 환상을 향해 헛소리를 해가면서
간내고 등쳐먹는 사람이 되는 것은

동서고금을 막론하고 옛날이나 지금이나
시대에 따라 갖가지 형태로 그 모습을 바꿔가며
한치도 변함없이 진행되고 있다는 것입니다.

생명의 불꽃

태양은 단조로운 빛을 던져주고,
대지에서는 온갖 새싹들이
겨우내 꽁꽁 얼어붙었던
무거운 흙덩이를 들치고,
꿋꿋하게 솟아오르는 화창한 봄날을 맞이하여
저 맑은 호수에서 놀아나는 고기떼들과
창공을 자유로이 날아오르는
새들의 명랑한 노랫소리와
어둠침침한 땅굴 속을 넘나들며
일거리에 분주한 개미떼들의 행렬과
위도 아래도 가는 곳마다
대소미물에 이르기까지
각자 나름대로 보라는듯이
자신들의 특기를 자랑하며
삶을 향해 전진하는 의지의 노래들이
축복의 재촉인양 들려오고 있습니다.
하지만 탐욕에 물든 인간들은
세상이 마치도 자신들만의 것인양
잔인한 발길로 짓밟고, 죽이는 일들을 서슴없이
감행하고 있습니다.

오! 조상의 오만함이여!

탐욕에 깃들인 욕심많은 왕이나
더러운 오만과 비열한 포악을 일삼으며
백성을 착취해서 부귀영화를 누리며
호의호식하던 양반들과 수박 겉 핥기 식으로
중국이나 일본이나 미국을 흉내낸
시문이나 학문을 가지고,
자신들이 손수 지은 것처럼 구렁이가 제 몸 추듯
탁월한 학자를 자처하며 자발을 떨어대는 것은
마치도 구더기가 똥물을 마시면서
맑은 물을 마시는 것처럼
착각을 하고 있는 것이나 다름이 없습니다.
하지만 사람들은 얼이 빠진 탓인지 개뿔도 모르면서
세상의 모든 쓰레기들을 모아다가
쌓아놓은 주제에 훌륭한 문화를 남겨주신
조상의 빛나는 얼이니 뭐니 하고,
그토록 입에 침이 마르도록 칭찬을 하는 것을 보노라면
오래 살다보니 병신도 참으로 가지가지라는 것입니다.
정녕 당신의 생각이 그러시다면
다시 한번 역사를 자세히 검토해 보시고,
그래도 정 이해가 가지를 않으신다면
정신병원에 가서 뇌검사를 해보시고,
세상을 똑바로 볼 수가 있게끔
처방을 받으시는 것이 어떠 하실는지오.

신과의 대화

나는 어느날 꿈결에 하늘나라에 가서
신의 음성을 듣게 되는 행운을 만나게 되었습니다.
신은 나에게 물었습니다.
오! 인간의 아들이여!
그대가 나에게 원하는 것이 무엇인지 말해 보라 하기에
나는 먼저 우리나라가 어찌하여
남북으로 갈라져 가지고,
큰 나라들의 장단에 맞추어
춤을 추는 꼭두각시 신세로 전락하여
서로가 이리떼처럼 눈을 부릅뜨고,
잡아먹지 못해 환장을 하고 있는 것인지
거기에 얽힌 내력부터 물어 보았습니다.
그러자 곧바로 나에게 들려오는 음성은
너희들은 이미 자신들이 가지고 있었던
모든 전통문화를 시대의 추세에 따라
발전을 시키지 못하고,
자주성 없는 국민으로 타락을 하였기 때문이다.
그러니까 쉽게 말해서 자기 것은 못났다고,
헌신짝처럼 쓰레기통에다 던져버리고,
남의 나라 사상이나 학문과 문화를 비롯한
종교를 자세히 알지도 못하면서
수박 겉 핥기 식으로
앵무새나 원숭이나 촉새처럼 자발을 떨어대며
맹목적으로 흉내나 내는 그런 얼간이들이
무슨 인권과 자주와 자유를 누릴 자격이 있느냐고,

문전박대를 하는 바람에
나의 영혼은 할 말을 잃은 채
곧바로 땅바닥으로 곤두박질을 치고 말았습니다.

시인의 안식처는 고난의 길에서 얻는다

시인의 안식처는 고난의 길에서 얻어지는 것이지
결코 즐거운 열락의 길에서
공짜로 얻을 수 있는 열매로 착각을 해서는 안된다는 것입니다.
그러니까 당신들이 말하는 그런 열락의 길은
버림받은 카인의 후예들이나
나라를 팔아먹은 을사백적들이나
일제치하에서 독립운동을 하던 애국자들을
잡아다가 생체실험용으로 바치었던
간도특설대를 비롯한 친일파들이나
그들이 내깔긴 똥으로 불로소득을 누리기 위해
일제의 식민통치를 찬양하는 후손들이
집단학살을 자행하고 정권을 잡은
살인독재를 미화시키며
독립지사들을 모욕하는 일들이
다반사처럼 일어나고 있기 때문입니다.
그래서 시인은 언제나 난국의 시대에서
고루해진 역사의 낡은 전통을
끊임없이 부정하고,
새로운 시대를 만들어 나가기 위해
항상 자기만을 위한 나머지
유치한 정신으로 무장을 한 채
값비싼 옷을 걸치고 다니는
사냥개들을 위대한 인격자로 알아주는
비굴한 타락 앞에서
민족의 양심과 정의가 맥을 추지 못하고,

비명을 지르고 있을 때
자신의 영혼이 찢어지는 아픔을 겪을 때까지
먼지만큼도 숨김 없이 올바르게 쓰기 위해
뿌리까지 파헤쳐 가지고,
정의의 화살을 날림으로써
한번 읽고 속절없이 사라지는
그런 시가 아니고,
그 시를 읽는 독자로 하여금
자신의 내면을 조용히 비춰볼수있는
거울이 되기 때문에
조국은 시인의 거울이고,
시인은 조국에 대한 헌신을 통해
인간의 영혼을 평화롭게 감싸주는 역할을 함으로써
찬란한 태양이 아름다운 불꽃으로
온 대지를 환하게 비춰주는 것처럼
때로는 한줄의 시가
천년의 세월을 밟고 거닐면서
조국을 지키는 파수꾼 노릇을 하게 됨으로써
절망의 구렁텅이 속에서도
희망의 꽃을 피워주는 밑거름이 되기 때문입니다.

일상생활 속에서

줏대없이 이리 쏠리고,
저리 쏠리며 갈팡질팡을 하면서
쥐새끼처럼 요리조리 수서양단을 하는 것은
인생의 길에서 가장 비열한 짓이려니
비록 괴로운 고통이 따를지라도
확고하게 마음을 가다듬고,
서로간에 인격을 존중해 주면서
따뜻한 마음으로 사랑을 베풀어 주는 것이
바로 평화이고, 행복의 길로 향해가는
참된 깨달음의 세계가 될진대
당신은 어찌하여 어떤 예배의식이나
절의 환상 속에서 허공을 헤매며
위안을 얻으려고,
그토록 애걸복걸하면서
돈을 물쓰듯 하고 있는 것입니까?
하지만 당신들이 그렇게도 철썩같이 믿고 있는
지옥이나 천국을 비롯한 극락은
신께서 지어 놓은 것이 아니고,
죽음을 무서워하는 인간들의 탐욕이 만들어낸
사생아이기 때문에 아무리 발버둥을 쳐본들
결국 허무는 허무로 끝나게 마련인 것이려니
꿈 속에서 현실을 보는 그런 망상에서
하루속히 깨어나 제 정신으로 돌아와 달라는 것입니다.

아 내

어느모로 보나 고운 마음씨를 가진 내 아내는
언제나 소녀의 청순한 미소를 띠면서
나의 기분을 한없이 즐거운
행복의 나라로 이끌어 갑니다.
그녀는 내가 말하지 않았는데도
어쩌면 그렇게도 내 마음을 잘 읽어주고,
미리미리 챙겨주는 고운 마음씨를 가졌는지
조그만 일에도 환호작약하는 새들처럼
함께 웃을 수가 있고,
서로가 슬플 때나 기쁠 때나
진실을 말해주는 사람은
오로지 당신밖에 없다고,
서로가 입에 침이 마르도록
칭찬을 해주는 까닭은
사랑이란 역시 계속 갈고 닦음으로서
아름다움을 발산하는
행복의 열쇠가 되기 때문입니다.
그리고 잠시 휴식을 취할 때는
커다란 나무그늘 밑에서
꽃을 안고, 향기를 맡아보는 것처럼
서로에게 기대는 것은
서로가 서로에게
마음을 위로해 주기 때문이고,
또 가끔가다가 서로의 오해로 인해
약간은 잘난 척도 해가면서

꾸지람을 주게될 때도 있기는 합니다만
그것은 서로가 인간다운 견지에서 잘못을 지적하고,
그렇게 해서는 안된다고,
바른 길로 인도해 주기 위함이려니
탓할 바가 못되는 것이고,
그래도 힘들 때는 오로지 당신 뿐이려니
생이 끝나는 그날까지 조그만 오해가 있더라도
서로가 너그럽게 이해를 해주는 마음으로
인내와 관용을 베풀어 줌으로써
서로의 영혼이 도달할 수 있는
깊이와 높이에 이르기까지
숭고한 사랑을 하면서
행복하게 살다가
저 세상으로 가야 하는 것은
사랑을 더해주는 증표로서
복되고, 복되며 거듭 복이 되는 것이려니…
하지만 죽어서도 영혼이 있다면
다시 또 만나서 가진 것은 없을지라도
밤하늘에 무수히 떠있는 별들을 따다가
목걸이를 엮어서 당신의 목에다 걸어주고,
해와 달과 별들을 벗 삼아
끝없는 우주의 공간을 자유롭게 훨훨 날아 다니는
애뜻한 사랑의 열정은
하나이면서 둘이고, 둘이면서
하나로 합친 비익조의 사랑과도 같이 달콤하나니

그렇다면 사랑이란 도대체 무엇이기에
한평생 검은 머리 파뿌리가 되도록
살았으면 만족할 일이지
죽어서까지도 그 미련을 버리지 못한 채
영원히 변치 않는 사랑을 하자고,
소망을 하는 것인지 잘 이해가 가는 것은 아닐지라도
하여튼 이 세상에 사랑을 주고 받는 것보다
더 즐겁고, 기쁜 행복은 없노니
사랑 없이 사는 것은
황량한 사막과도 같이
을씨년스러울 뿐이려니
오! 영원한 사랑은 아닐지라도 살아있는 동안일 망정
감미롭게 울려퍼지는 새들의 노래소리처럼
아름다운 사랑으로 나의 거치른 삶을 녹여준
그대에게 감사를 하노라!

어디 잘난 사람 따로 있습니까

다만 재물이나 옷이나 감투나 명예나 권력에
눈이 어두운 나머지 참된 학문은
출세를 위한 경쟁심으로 타락해 버린 나머지
사람의 모습을 한 탐욕의 동물로 바꿔놓았을 뿐
사람이 생긴 것과
살다가 죽어서 땅 속으로 들어가는
이치야 변할리가 없는 것
사람으로 태어났으면
사람짓을 하다가 가는 것이
인간의 도리가 될진대
명예욕에 노예가 되는 것은
먹다 버린 뼈다귀를 서로 주워먹기 위해
진흙탕에서 싸우는 이전투구나 다름이 없을진대
벼슬의 높고 낮음이 무슨 의미가 있다는 것입니다.
하지만 훌륭한 인격과 학식의 소유자는
상하고하에 차별을 두지 않고,
사랑으로 대하는 까닭은
세상의 모든 이치가 자연의 섭리에 따라 살아가는
삶의 이치를 터득하고 있기 때문입니다.

단군의 자손은

정녕 종족, 문화, 종교, 언어 등
같은 뿌리에서
살과 피를 받고 태어난 형제 자매나
친구가되는 것은
밝기가 불을 보듯 자명한 이치가 되려니
남이 북을 괴롭히거나
북이 남을 괴롭히며
서로가 눈을 부릅뜨고 잡아먹지 못해 환장을 하는 것은
서로가 서로에게 같은 동포임을 부정하고,
타민족과 야합하여 파괴, 약탈, 살생 등을
일삼으며 서로가 이기겠다고,
자웅을 겨루며 사나운 개처럼 으르릉거리며
물고, 뜯고, 찢어발기는 짓들은
적들이 파놓은 함정에 빠진
개와 토끼가 다툼으로써
제삼자가 이득을 보는 것이나
다름이 없을진대
자세히 알지도 못하면서
서로가 각각 적들의 편에 붙어서
무슨 원수가 졌다고,
상대방을 헐뜯고, 비방하고,
폄하시키는 못된 버릇을 버려야 한다는 것입니다.
우리가 이 땅에 태어난 것은
서로가 미워하기 위해서가 아니고,
서로가 사랑하고, 공존하면서

현실의 고통을 타개하고,
자손만대에 걸쳐 민족의 장래를 위해
서로가 도와주는 동반자 관계로서
새로운 느낌과 열의를 가지고,
한결같이 변함없는 정신으로
단결하고, 분투하고, 추구하고, 창조하는 일을
멈추지 않는다면 민족의 앞날에 놀라운 장관이 가득히 펼쳐져
통일을 방해하는 거대한 쓰나미들이
코앞의 접시물에 빨려들어가
사라져버리는 기적이 되어
동방의 등불을 다시 밝히는 초석이 되고도 남으련만
아무리 말을 해도 듣지를 않고,
서로 물고, 뜯고, 찢어발기고도
아직까지도 양이 덜찬 나머지 개처럼 짖어대는 통에
이제 우리의 마음은 지칠대로 지쳤고,
희망도 행복도 눈물 속에 바라본 조국은
오늘도 이리떼들의 손에 갈갈이 찢긴 채
욕심과 싸움으로 피눈물을 흘리면서
우리의 국토를 온통 감옥으로 만들어 놓고 있나니
아! 우리를 기쁘게 하는 것은 조국이 하나로 합치는 일이요
슬픈 것은 한민족이 갈라져 서로 미워하고,
다투며 갈등하는 것은 자손만대에 걸쳐
이 시대를 살아가는 우리들의 얼굴에
똥칠을 하는 일이려니
하루속히 집어치우고,

비록 현재는 갈라져 있는 관계로
서로가 얼굴은 못볼지라도
우리는 적이기에 앞서 같은 피를 받고,
이 땅에 태어난 동포라는 것을 명심하시고,
언젠가는 서로 만나 그동안 우리가 뭉치지를 않아서
번번이 얻어맞기만 했던 잘못을 인정하고,
두런두런 이야기를 하면서
소박한 안락과 평화스러운 우정을 지닌 민족으로서
해방된 미래의 꿈을 키우자는 것입니다.

몸이 아프고 괴로울 때는

저승사자가 염라대왕의 명을 받고,
당신의 건강상태를 점검하고,
못고칠 병이면 데려다가
그대가 삶에서 행한 인과응보의 결과에 따라
재판을 하기 위해 순찰을 하러 나오는 것인만큼
몸이 나른하고 콧물이 나오거나
골치가 못견딜 정도로 심하게 아플 때는
절이나 교회나 무당을 찾아가
제발 나좀 살려 달라고,
헛소리를 하는 어리석음을 범하지 마시고,
우선은 병원을 찾아가 의사의 처방을 받고,
약을 먹어야 한다는 것입니다.
하지만 아무리 그렇다고 해도
의사가 병을 고쳐주는 것이 아니고,
자신의 노력여하에 따라 병을 고치는 것인만큼
음식을 상다리가 부러질 정도로
차려놓고, 즐겨먹는 팔진미에는
혈액순환을 가로막는 독이 들어 있으니
잘먹어서 생기는 부자병이나
보약 같은 것을 삼가하시고,
자신의 체질에 알맞는 식생활로
식사량을 줄이시고,
매일같이 규칙적인 운동을 하시라는 것입니다.
그리고 누가 그대를 화나게 만들지라도
거기에 신경질적으로 대거리를 하지 마시고,

이래도 좋고, 저래도 좋으니
당신 마음대로 해보라는 식으로
싱글벙글 유쾌하게 웃어주는 자비스런 천치, 바보, 병신,
귀머거리 행세를 하시다 보면
자신도 모르는 사이에 뭇사람들의 너그러운 마음을 얻게 되어
삶의 조화로운 균형을 얻게 되는 것입니다.
그리고 상대방을 교만과 무시로 대하는 것보다는
즐거운 마음으로 서로의 인격을 존중해 주면서
헌신하는 마음으로 미소를 짓는 습관에 길을 들이다 보면
그런 것들이 인생을 즐기는 삶의 활력소가 되어
인명은 재천이라는 말은
이미 시대에 뒤떨어진 낡은 술어가 되는 것
백년장수는 하늘이 정해준 것이 아니고,
자신이 스스로 만들어 나가는 것이려니
인생을 가장 즐겁게 만들어 주는 것은
부귀영화나 재물이나 벼슬이 아니고,
건강이 최고니 그대 몸보다 재물이나 명예를 귀중히 여기면서
곡간에 쌓아두는 탐욕스런 놀부가 되지 않는다면
당신의 인생은 결코 헛되게 산 것이 아니라는 것입니다.

기독교인들에게

먼저 허위와 망상이 지배하는
편향된 종교의 희생양이 되어
예수를 봤다거나 천당에 다녀왔다고,
울부짖으며 발광하는
무지와 광신에 사로잡힌 나머지
구원의 밑바닥에서 헤어나지 못한 채
기만된 천국으로 당신의 마음을 미혹시키는
기독교 문명에 중독되어 재물을 아낌없이 바치는 것은
문화가 발달하고, 선진국민이 되는 길이 아니고,
오로지 우리의 역사에 오명을 남기고,
나라를 망치는 일이 되는 것이려니
당신이 정녕 한민족의 일원이 되기를 원하신다면
당장 이성을 되찾고, 교회를 떠나
우리의 정신으로 돌아와 주셔야 한다는 것입니다.
그러니까 비록 교회를 나가지 않더라도
우리 민족의 건국이념인 홍익인간의 정신이 말해주듯이
하늘이 정해준 이치에 따라
남을 해하지 않는 정신으로 사랑과 자비로서
가난한 형제나 이웃을 사랑하고,
따뜻하게 격려를 해주게 되면
그것이 바로 참다운 인간의 도리가 될진대
오늘도 끊임없이
그대들의 육신을 메말리기 위해
계략을 꾸미며 악착같이 달려드는
사기꾼들이 떼를 지어 몰려와

천당을 들먹이며 지옥의 불로 겁을 주거나
성스러운 사탕발림으로 사기를 쳐먹고,
기껏 한다는 소리가 하나님의 뜻이라고,
공포 분위기를 조성해 주게 되면
배가 고파 환장하는 거지에게는
단돈 일푼도 주기를 아까워하면서
기만된 허풍에 감사를 드리며
너도 나도 천당을 가겠다고,
울고 불고 난리를 쳐대면서
허무한 환상의 세계를 향해 진상을 하는 것은
마치도 뜬구름을 잡으려고 애쓰는 것처럼
솔직히 말해서 그것은 축복도 아니고,
자신의 불행을 더욱 악화시킬 뿐이라는 것입니다.

유공자증

나는 나라를 위해 별로 한 일이 없는데도
어느날 갑자기 유공자증이 날아 왔습니다.
이유인 즉슨 내가 민주주의를 수호하기 위해
정의와 자유와 평화의 십자군으로서
공산주의와 싸우고, 국가 건설에
이바지한 공로가 크다는 것이니
이야말로 참으로 웃기는 일이 아닐 수가 없다는 것입니다.
이유인 즉슨 솔직히 말해서 나는 지원이란 미명 하에
미군의 젊은이들을 대신해서 끌려간 총알받이 주제에
전쟁을 하는 와중에서도
일면식도 없는 적들을 증오하지도 않았고,
그렇다고 해서 나에게 전투명령을 내리는
우리편 대장들이 더 옳다거나 위대하다고,
생각해 본 적은 한번도 없었기 때문입니다.
물론 생사를 장담할 수 없는 상황에서
이들이 우리나라를
쳐들어온 침략자들이라면 당연히
앞장서서 목숨을 걸고 싸워도 시원치가 않았겠지오.
하지만 자신들의 국토를 지키기 위한
국민들의 애국적인 투쟁의 대열에
참전국 중에서도 한국군들은 마을에
쳐들어가 적을 소탕한다고 불을 지르고,
죄없는 양민들을 남녀노소 가리지 않고,
무참하게 학살하는 과정에서
무고한 사람을 죽이고

베트공 몇명을 사살했다는 식으로
전과를 보고한 만행은
천인이 공노해도 시원치 않을
인도적인 살인죄를 범한 것이나 다름이 없기 때문에
하늘과 사람과 땅이 공분한 탓인지
전쟁에서 패하고 돌아온 주제에
눈부신 전과를 올린
용감무쌍한 우리 군인 이기고 돌아왔다고,
승리의 나발을 불어대고 있으니
참으로 얼굴이 뻔뻔스럽기도 하지
그래 국민을 속여도 분수가 있지
어찌 이까짓 종이쪽지 한장으로
백만금을 주고도 살 수 없는
인간의 정의와 양심을 대신할 수가 있다고,
장담을 하시는 것인지 잘 생각해 보시고,
노병들이 피땀 흘려 벌어들인
떼먹은 돈이나 죽기 전에 달라는 것입니다.

오늘도 어리석은 자들의

기도와 재물의 숨결로 부귀영화를
누리는 망나니들은
선무당이 사람을 잡듯이
그대들의 어리석은 마음를 이용하여
어르고, 뺨을 치는 것이
마치도 불멸의 흔적이라도 되는양
그대들의 마음을 흠뻑 적셔주고 있기 때문에
당신들은 이미 헛된 생각과
먼지를 뒤집어쓰고,
지저분한 쓰레기통 속에서
헤어나지 못하고 있는 것이려니
이제는 그만 가식과 위선으로 가득찬
해묵은 낡은 옷을 벗어서
쓰레기통에다 던져버리고,
가망없는 환상 속에서 깨어나
냉수나 먹고 속을 차리는 것이
어떠하실는지 잘 생각해 보시고,
제 정신으로 돌아와 달라는 것입니다.

당신은 어떤 목적으로 시를 쓰나요?

내가 시를 쓰고 싶어하는 까닭은
다름이 아닙니다.
당신들의 무지 속에 거미줄처럼
얽혀 있는 욕망과 기만으로
세상을 혼란스럽게 만들고 있는
권력자나 남의 재물을 빨아먹기 위해
재산을 노리는 깡패나 위선자들이나
가난에 쪼들린 사람들이
배가 고파 환장한 나머지 굶어 죽어가고 있는데도
하늘이 이들에게 복을 내려준다고,
허황된 소리로 사기를 치는 종교인들이
인간들의 삶을 좌지우지하면서
병 주고, 약 주면서 나발을 불어대는
기만술수를 폭로하기 위해서입니다.
물론 나의 이런 정의와 양심에 얽힌 말들이
사람을 기만하는 거대한 권력에 아부를 하면서
가짜를 그럴듯하게 진짜로 둔갑시키는
궤변가들의 상투적인 시들에 비하면 별 것이 아니라서
어떤 개똥같은 녀석이 나타나서
말도 되지 않는 소리로 나발을 불어대는 것이냐고,
비난의 화살을 날리게 되는 까닭은
대개의 사람들은 자신들이 처해진
환경에 의거하여 여러가지 종류의 미신이나
신을 비롯하여 천사나 귀신이나 도깨비 등
자신의 생각과 어느 정도 유사하거나 불합리하고,

범속한 것들에 사로잡힌 나머지 무당의 넋두리나
허풍선이 협잡꾼이나 다름없는
예언가들이나 거짓되고,
사악하고, 무의미한 궤변에 취해서
진실을 미워하는 동물의 본능을
간직하고 있기 때문입니다.
하지만 나의 시에는 언제나 양심있는 선택과 의도를 가지고,
사람들의 한숨섞인 삶의 고통 속에서
더러운 세상을 두들겨 부수기 위해
옳고 그름을 뚜렷하게 그려냄으로써
인간의 추한 모습을 더 이상 용서할 수가 없을 정도로
있는 그대로를 보여주는 진실 그 자체이기 때문에
언제나 좋은 약들은 입에 쓴 것처럼
꿀벌이 꽃잎 속의 꿀을 빨듯이
나비가 꽃을 찾아 날아들듯이
끊임없이 떨어지는 물방울이 돌에다 구멍을 내듯이
당장은 탐욕자들의 귀에 거슬리는 소리가 되겠지만
나라의 장래를 위한 충정이 깃들어 있는만큼
나라가 시들어져 갔을 때
나의 시를 읽어줄 미래의 독자들에게는
발등에 떨어진 불과도 같이
자신들이 처해진 시대적 상황을 깊이 깨닫고,
작은 불씨 하나가 마른 들판을 불바다로 만들어 놓듯이
어두운 시대의 정신을 찬연하게 비춰주는 등불이 되어
감미롭게 울려퍼지는 새소리와도 같이

한줄의 시를 읽고서도 맑은 거울을 들여다 보듯이
전체를 지탱할 수 있는 힘의 근원이 되어
능히 역사의 물줄기를 바꿔 놓을 수 있는
영원한 나팔소리가 되기 때문입니다.

남북분단의 비극은

하늘에서 갑자기 떨어진 날벼락이 아닙니다.
우리가 무식했던 나머지 제 무덤을 제가 판격으로
자신들이 행한 인과응보의 점수에 따른 것입니다.
그러니까 역사를 더듬어 올라가 보면
정유재란 때도 왜놈들이
못난 조선을 얼마나 쪼다로 봤으면
명나라 놈들과 담판을 하면서
서로 갈라먹자고 제의를 했던 적이 있었습니다.
그리고 한말에도 러시아인들이 왜놈들에게
갈라먹자고 제의한 것을 비롯하여
해방 후에는 이승만과 김일성이가 권력에 눈이 먼 나머지
각자 자신들의 상전을 등에 업고 들어와
그들이 시키는대로
통일을 부르짖는 애국자들을 모두 제거하고,
반쪽 정부를 세웠기 때문에
민족의 심각한 내부적 갈등들이
요원의 불길처럼 타오르고 있기 때문에
지금까지도 보고싶은 얼굴들이
서로 만나지도 못한 채
욕설이나 퍼붓는 적이 되어
마치도 자식을 잃어버린
저 어머니의 영원한 비탄소리와도같이
민족의 한이 맺힌 흐느낌 속에서
떼놈들이나 양놈들이
남북한 모두를 자신들의 종으로 만들기 위해

어부지리를 얻으려고 발광하고 있는 것입니다.
하지만 우리들은 아직까지도 그런 낌새를
손톱만큼도 알아차리지 못한 채
마치도 꿀먹은 벙어리처럼
속수무책으로 바라다 보고만 있으니
우리는 둘 다 바보다운 바보취급을 받고 있는 것입니다.

사기꾼들

오늘날 우리 사회에서 흔히 보고 있는 바와 같이
권력자나 부자나 명예를 지닌 자나
친일파의 전통를 이어받은 후손들과
종교인들의 공통점은 하나같이
민주주의나 평화를 가장한 사랑과 봉사를 들먹거리며
자신들이 무슨
위대한 애국자나 하늘이 내린
심부름꾼이라도 되는양
국민이 나라의 주인이며
신은 가난한 사람들의 편이라고,
볼성사납게 떠벌여대고 있습니다.
하지만 그런 기만의 연설이나
돈선거를 통해 정권이 바뀔 때마다
대서특필되는 것은
종파나 일가친척을 비롯한 사돈붙이들이나
언젠가 권력자의 눈도장을 받아두었던 탓에
벼락감투를 쓴 자들이 방귀깨나 끼면서
국민들에게서 착취한 재산을
미국이나 서구은행의 비밀계좌로 빼돌려놓고,
정권이 바뀌면 이민이란 명목으로 도망을 가서
부동산 투기를 하면서
호의호식한다는 것과
남산 위에 올라가 돌을 던지면
교회나 절의 지붕 위로 떨어질 정도로
우후죽순처럼 하늘 높은 줄 모르게

치솟아 오르고 있다는 소리들은
귀가 따갑도록 듣기는 했을지라도
가난한 국민이 살기 좋은 세상이 되었다는
소리는 한번도 들어본 적이 없는 것을 보면
그렇게도 아름답고,
경건한 속임수들을
어리석은 국민들의
텅빈 머리 속에다 주입을 시켜 놔야만
마음을 턱 놓고,
거리를 활보하고
큰소리를 치면서
도둑질을 해서
아직 태어나지도 않은
뱃속의 아기들에게까지 차명계좌를 만들어주기 위해서입니다.
그래서 오늘도 우리들의 육신을 짓누르고 있는
저 탐욕으로 가득찬 포악한 떨거지들을 향해
집채만한 분노의 칼을 꽂아야 한다고,
고래고래 소리를 지르면서
분노를 하게 되는 까닭이 바로 여기에서 비롯되는 것입니다.

착 각

동서고금을 막론하고,
당신들이 현재 가지고 있는 권력이나
부귀나 명예는 결코 당신의 것이 아닙니다.
그것은 원래 창조주께서 세상을 창조할 때
모든 사람들에게 똑같이 나누어 주라는 징표로서
당신에게 잠시 위임을 해준 것입니다.
하지만 당신은 그것을 자신의 소유처럼
착각을 하면서
혼자서만 독차지하기 위해
하늘 끝까지 사무치는
탐욕의 정신을 지우지 못한 채
헛된 말과 거짓 행동으로
사람들을 기만하면서
쥐어짜기에 발광을 하고 있는 것입니다.
하지만 사람들은 그런 낌새를 조금도 알아차리지 못한 채
장님이 코끼리를 만지는 것처럼
그들을 도둑이라 부르지 않고,
귀하신 나리님이라고 떠받들어주고 있으니
나 원 참! 세상이 거꾸로 돌아가도 분수가 있지
참으로 기가 차서 말문이 막히는 일이 아닐 수가 없습니다.

인간의 순수한 마음을

천국이나 극락의 위장된 꽃비로
유혹하지 마십시오!
솔직히 말해서 신과 귀신은 일란성 쌍둥이로
모두가 열병에 걸린 사람들의
환상에 의해 제 멋대로 만들어진
관념의 허상에 지나지 않는 것이려니
거기를 꼭 가보고야 말겠다고,
울고 불고 난리를 쳐대며
눈물, 콧물 흘리면서 발광을 하는 것은
그대의 삶을 더욱 추하게 만들 뿐이려니
오직 그대 자신이 지향하는 인생행로 속에서
그대의 삶을 망령되게 만드는
그 대상이 무엇인지를 깊이 분석해 보시고,
당신을 늘 괴롭히고 있는 불행의 씨앗을 잡아서
그 목을 비틀어 버렸을 때 고스란히
남는 삶의 기쁨이야말로 문명이란 이름 아래
세상의 평화를 교란하는 훈련을 받기 위해
해외 깡통대학교을 다니는 것이나
그들이 우리를 멸사봉공, 견마의 투철한 충성으로
자신들의 친위대 간부를 양성하기 위해 만들어 놓은
치사한 숭미사대주의 사상들로 가득찬
창고나 다름 없는 깡통대학교나 땡전대학교를 다니는 것보다는
몇배나 더 보람을 느끼게 될 것입니다.

뉴라이트들에게

일제치하에서 인간으로서의 삶의 가치와
모든 권리를 박탈당한 채
최소한도의 존엄성마저
짓밟혔던 종군위안부 할머니들이나
정신대나 징용으로 끌려가
노예노동에 혹사를 당하면서
잃어버린 조국의 한을 풀지 못한 채
희생을 당하다가 죽어갔던 아저씨들은
솔직하게 말을 하자면
일제놈들이 깔겨놓은 개돼지만도 못한
친일파 똥파리들이
황금과 명예에 눈깔이 허옇게 뒤집힌 나머지
그들의 작전에 따라 저지른 죄악 중의 죄악으로서
도저히 용서를 받을 수가 없기 때문에
지옥의 쓰레기통에다 던져버려도
시원치 않을 개망나니들이라고 선언을 하는 바입니다.
이들은 대개가 일제 강점기 시절에
민족과 나라를 팔아먹은 매국노들이나
우리 민족을 일제침략 전쟁의 총알받이로 몰아넣기 위해
악의적으로 선동했던 친일파들의 후손들로서
그들의 학벌은 대개가 일제가 자신들의 종복을 길러서
우리 민족을 영원한 종으로 부려먹기 위해
만들어 놓은 앞잡이 훈련소나 다름없는
식민학의 본상인 경성전문학교나
일본을 비롯한 중국이나 미국에서

유학을 마친 자들로서
해방 후 그들이 우리를 자신들의
영원한 하수인으로 만들기 위해
세워놓은 위대학교를 나온
민족의 이단아들로서
그들은 대개가 허울좋은 유학이나 연수라는 구실로
일본이나 중국, 미국에서 자신들을 추종하게 만드는
교육을 받고 돌아와
그들이 주장하는 사회진화론이란
강자와 약자의 주종관계로 의한
지식을 바탕으로 한 수단을 동원하여
질병에 시달리던 원주민들을 핍박하고,
학살한 것을 오히려 자랑스럽게 생각을 하게끔
인종차별을 합리화시키는 종속이론을
자신들의 입맛에 맞게 짜깁기한 것인데
그것이 마치도 인간을 위해 무슨 훌륭한 진리라도 되는양
주권이나 자주따위는 없어도 좋으니까
소나 돼지처럼 살이 쪄서
정육점에 주렁주렁 매달렸다가
근으로 팔려 나가 잔칫상에 올려지거나
대폿집에서 술꾼들의 술안주로
뜯어먹히는 갈비의 신세가 될지언정
우선은 배만 부르면 추종국의 밑에서
종살이를 하는 것도
신께서 내려주신 축복이니 감사를 해야 된다고,

짖어대는 막가파들로서
지나간 통한의 역사를 반성하고,
식민통치의 치욕을 씻어도
시원치 않을 판국에
반성은 커녕 오히려
남의 땅을 공짜로 처먹기 위해
미쳐 날뛰는 강대국들의
그럴듯한 허풍에 감사망극하는 것은
마치도 앞의 개가 달을 보고 짖어대면
뒤의 개도 왜 그렇게 짖어대는지
그런 까닭을 알지도 못하면서
온 동네의 개들이 몽땅 모여들어
덩달아 짖어대는 것은
마치도 구더기가 똥물을 마시면서
맑은 물을 마시는 것처럼
착각을 하고 있는 것이나 다름이 없다는 것입니다.
하지만 그들의 더럽고, 치사한 흔적들은
물결처럼 흘러가는 세월의 흐름에 깨끗이 씻겨 나가
우리가 현재 보는 바와 같이
세상에 둘도 없는 하늘이 내린
위대한 선각자로 칭송을 받고 있나니
여기에 뿌리 깊은 민족의 통한이 얽힌
울분들이 갈기갈기 찢겨긴 채
온갖 슬픔의 씨앗들이 파도처럼 밀려와
하늘을 향해 울부짖고 있는 것이려니

머리에 불순물만 가득 들어찬
이런 양아치 집단이나 다름없는
바보들의 행진을 박멸하지 않는 한
이 땅에 도덕성의 회복은 요원한 것입니다.
하지만 우리의 피가 멈추지 않고,
결코 굴하지 않는 강인한 정신으로
이런 보잘것 없는 사기집단들이 퍼뜨려대는
전염병들을 물리치지 않는 한 우리는 영원히
종속상태에서 벗어나지 못할 것입니다.
하지만 이런 질병들을 몰아내기 위한 혁명을 하게 되면
민족의 불꽃은 영원히 꺼지지 않고,
타오르게 되는 것입니다.
하지만 기왕에 하는 것
밥만 잘 먹여주면 말을 잘 듣는
소나 돼지처럼
잠잠해지는 그런 꿀꿀이 혁명이나
맹수가 약한 짐승을 털도 뜯지 않고,
잡아먹기 위해 상극을 하는데도
분노하지 않고 사랑으로 대하면서
싱글벙글 웃어주는
바보, 천치 같은 그런 혁명이 아니고,
바다의 물결이 끊임없이 출렁거리듯
사람이 사람답게 살 수 있는
상생의 혁명을 해서 자랑스런 문화를
후손들에게 물려 주자는 것입니다.

떼강도들

반만년동안 대를 이어 물려받은
우리의 산하를 털도 뜯지 않고,
통째로 뜯어먹기 위해
눈을 두집어뜨고, 군침을 흘리며
떼를지어 몰려오는 저 강대국들이
아직도 눈에 보이지를 않는 것입니까?
그들은 마치도 시집살이를 시키는
시어미 와도같이 사사건건 참견을 하면서
자신들의 말만 잘들으면
밥만큼은 배불리 먹여서
멍멍 짓어대는 개나
꿀꿀거리는 돼지처럼 키워줄 테니까
까불지 말라고,
슬슬 구슬리는 훈련을 시키게되면
권력에 눈이 먼 한국의 꼭두각시들은
그들이 찔러주는 달콤한
마취제에 흠뻑 취해서
머리를 조아리며
감사망극하는 허수아비, 꼭두각시, 주제에
혹시나 했더니 아니땐 굴뚝에 연기가 날까
혹시나가 역시나가 되어
하늘이 내린 사람이라고 자화자찬을 하는 것은
천년 전에도 그랬고,
백년 전에도 그랬으며
어제도 그랬고,

오늘도 진행형이며
내일도 모레도 변함없이 계속될지라도
사실상 우리는 그들과
근본이 다르기 때문에
우리는 우리대로 우리의 길을
가야 한다는 것입니다.

백인들의 죄악상

검토하고, 대조하고, 비교해 보건대
백인들도 역시 인두겁을 쓴
사람의 얼굴이 분명할 터인즉
그들의 마음은 왜 그렇게도 잔인한지
중세 유럽을 휩쓴 매독이
교회나 상류층으로부터
급속이 전파되었다고 하는 것과
도대체 교회가 어떤 곳이길래
세상이 망하기를 바라면서
인간의 영혼을 구원해 준다는 허울좋은 구실 아래
종교재판을 통해서 보는 바와 같이
예수의 신성을 모독했다 하여
마녀나 마남이란 누명을 씌워
산 사람의 사지를 찢거나
벌겋게 불에 달군 쇠꼬챙이로 사람의 눈을 지지거나
끓는 기름을 붓거나
뜨거운 기름에 넣기를 하는 등
멀쩡한 사람을 기둥에 묶어놓고 화형을 시키거나
죔쇠로 손가락 으스러뜨리기
마녀의 몸에다 바윗덩어리를 매달아서
관절에서 뼈를 빼어내는 등 이루 다 헤아릴 수 없는
온갖 잔인한 수법으로 고문을 가해서
몇백년 동안에 걸쳐 수백만명을 살해하고,
그들의 재산을 몽땅 뺏어다가 교회를 짓거나
그밖에도 성지순례를 갔다가

꿈에 예수를 만나서 성지를 탈환하라는
명령을 받았다고 열정적인 거짓말로
사람들을 선동함으로써
십자군 전쟁을 일으켜 백만이 넘는
살육의 만행을 저질렀던 것과
콜럼버스나 청교도들은 원주민들이 베풀어준
온정어린 은혜를 배신하고,
그들이 가진 땅과 황금을 갖기 위해
천연두나 콜레라를 비롯한 홍역 등
각종 전염병의 결과로
원주민들이 죽음에 이르게 된 천인공노할 만행은
언제나 십자가를 앞세운 목사들이나 신부들이
적반하장격으로 은혜를 원수로 갚았다는 것입니다.
그밖에도 탐험이란 이름으로 항해를 하다가도
섬이나 육지가 눈에 띄었다 하면
원주민들에게 물어보는 것은 고사하고,
자기들 마음대로 하늘이 내려주신 자국의 영토라고,
깃발을 꽂아놓고 감사기도를 드리면서
동상을 세우거나
그 지역의 유래에 따라 얻어진 고유한 명칭을
자신들의 이름으로 고쳐놓거나
제 멋대로 다른나라에 가서
통상을 요구하거나 토착종교를 억압하고,
말을 듣지 않으면 무력을 사용해서
원주민들을 잡아다가 처형하고

가지가지의 만행을 일으켜서 그것을 박제해
박물관에 보관해 둔 영국인들과
이를 박물관에 보관해 놓고,
관람을 시킨 프랑스인들의 잔인한 만행이나
면죄부의 사기성과 타락상이 말해주듯이
종교개혁의 아버지라고 불리웠던
루터는 처첩들을 거느렸고,
신부들은 수녀와의 사이에 자식을 낳아서
성당 안에 파묻기도 했으며
칼빈은 개혁이라는 명분으로
수만명을 죽이는 천인공노할 만행을 저질렀음에도
성자로 추앙을 받고 있는가 하면
18~19세기 포교란 미명 하에 우리 땅에 들어온
선교사들은 약자에게 사랑과 평화를
전파하기 위해 온 것이 아니고,
오로지 제국주의자들의 앞잡이로서
한국을 통째로 삼키기기 위해
겉으로는 좋은 말로 선한 체하면서
속으로는 우리의 언어와 습관을 비웃으며
우리 민족의 역사의식을 죽이고,
오로지 황금에 눈이 어두운 나머지
우리의 강과 숲과 땅을 빼앗는데 눈독을 들이면서
원수를 사랑하란 이름 아래
일제에 대한 무조건 순종을 강요했고,
자신들만이 이 세상을 신으로부터

공짜로 하사를 받은양 자발을 떨어대면서
키가 작은 야만인에 대한 문명교화란 미명 하에
자신들의 더러운 범죄를 눈 가리고,
아웅 하는 격으로 합리화를 시켰던 것과
그밖에도 이미 아메리카 대륙에서 보았던 것처럼
자연을 벗삼아 이미 하늘의 뜻에 따라
평화롭게 살아가고 있는 원주민들을
자신들이 믿는 기독교 신앙을 받아들일 능력이 없다는 핑계로
야만이나 동물 취급을 하면서
가차없이 잡아다가 여러 가지 방법으로
보이는대로 간악하기 짝이 없는 더러운 범죄는
언제나 십자가를 앞세우고,
평화나 사랑정신을 비롯한
인도주의란 이름을 앞세운
기독교의 악랄한 목사들에 의해 자행된
잔인하기 짝이 없는 인간학대 행위로서
천인공노할 악랄한 범죄라는 것입니다.
하지만 오늘날 보는 바와 같이
이들의 야만적인 만행들은
물결처럼 흘러가는 세월의 흐름에 따라 말끔이 씻겨 나가
온데간데 없이 허공으로 사라져 버린 채
그것이 묘하게도 세상에 신의 말씀을 전하는
평화의 사도로 둔갑되어
위대한 성인으로 추앙을 받고 있다는 것입니다.
그들이 이렇게 오늘날까지도

세살 버릇 여든까지 간다고,
제 버릇 개 주지 못하고,
도둑이 제발 저린 격으로
겉으로는 평화나 인도주의나
약자를 돕는다는 명목으로
후진국가로 떠돌아 다니면서
원주민의 역사의식을 죽이고,
자신들을 추종하게 만드는
세뇌교육을 시키기 위해
엽전대학교나 깡통교회를 세워놓고,
훈련을 시키면서 자신들을 추종하게 만드는
꼭두각시로 만들어 놓고 있다는 것과
발전을 시켜 준다는 명목으로
경제적으로 지원을 하는 것도 역시
자신들의 식민지를 만들기 위해
병 주고 약 주면서
눈 가리고, 아웅 하며
등치고 간 내먹는 음흉한 속셈은 다름이 아니고,
네 하나님 여호와께서 그성읍을 네 손에 부치시거든
너는 수단과 방법을 가리지 말고,
칼로 그 속의 남녀노소를 막론하고,
하나도 남김없이 쳐 죽이고,
너희가 그들에게서 빼앗은 것들은
모두가 여호와께서 너에게 내려주신
은혜로운 축복의 선물이니까

사양치 말고 너희들은 그것을 가지고,
영원토록 네 자손을 번성시키라는 말씀이
성경 귀절에 버젓이 씌어 있기 때문입니다.
이렇게 무지와 광신에 대한
편협성을 버리지 못한 채
이천년 동안에 걸쳐 인간의 정신을 빼앗고,
신의 노예로 만든 결과는
세상의 모든 것을 빼앗고도
하나님의 은총으로 인해
승리를 했다고 자랑을 하고 있나니
신이 이토록 살인을 하게끔
부추기는 명령을 하였다면
성경의 구절은 정녕 탐욕으로 가득찬
약육강식의 소시오패스들이 자신들의 입맛에 맞게
허위로 조작한 것이나 다름이 없나니
이야말로 검을 통해서 사람을 많이 죽인 자들만이
천국에 갈 수가 있다는 유럽의 살인신화가
말해주는 것이나 다름이 없을진대
나는 이 육신의 옷을 걸친 악령에 사로잡힌
못된 무리들에게 경고를 합니다.
이제 그만 남의 것을 빼앗고, 지배를 하겠다는
탐욕의 수단으로서 그대들의 교리를 각 민족들의
입에다 강제로 쑤셔 넣으려고,
발광하는 난폭한 행동을 집어치우고,
진정한 인간정신으로 돌아와 달라는 것입니다.

참다운 삶이란

이 세상에서 그대의 삶에 대한
원성과 한탄을 이해하고,
달래줄 수 있는 해답은 아무데서도 찾아볼 수가 없습니다.
그것을 해결할 수 있는 유일한 길은
오직 그대 자신이 삶의 한가운데로 직접 뛰어들어
때로는 절망스런 고통 속에서 허덕이는 가운데
어떠한 장애가 몰려온다 할지라도
인내하는 마음으로
그런 역경을 힘찬 의지로서
온갖 만난을 극복해 나가다 보면
삶이 비록 아름답기는 하지만
때로는 뜨거운 사막과도 같이
화끈거릴 때도 있듯이
자신의 성공에 대한 기쁨을 맛보게 되는 것은
종교의 경전이나 신에 의해서
얻어지는 좌우명이 아니고,
오로지 자신의 발등에 떨어진 불을
자발적인 노력에 의해 끌 수 있는 사람만이
자신에게 주어진 인생의 아픔을 스스로 치료할 수 있는
훌륭한 삶의 투사가 될 수 있다는 것입니다.

시란 것은

더러운 악덕과 오만에 깃든
양반들의 한가한 생활과
독재자들의 탐욕스런 거짓말을 비롯한
국민의 고혈을 짜서
치부한 자본가들이나
종교사기꾼들의 기만술수로 얼룩진 우상숭배를
달콤하게 미화시켜 시를 짓는 것은
민중의 삶을 더욱 어둠과 타락의 길로 빠져들게 할뿐
별다른 뜻이 없다는 것입니다.
하지만 동서고금을 막론하고,
인간의 참된 정신을 마비시키고,
사치와 명예에 중독된
살인자들을 예찬하거나
민족을 배신하고, 헛된 망상을 꿈꾸면서
천국이나 극락의 티켓을 주겠다고,
헛바람을 날리면서
사람의 마음을 들뜨게 만들거나
차별을 사랑으로 정당화시키는
허풍선이 궤변가들이나
민족의식을 메말리는 시들이 묘하게
위대한 시로 둔갑을 하고 있음에도
사람들은 그런 눈 가리고 아웅 하는
사이비 시인들이 마치도
베일에 가려진 신의 심부름꾼이라도 되는양
이들의 달콤한 사탕발림에 곧잘 넘어가

신세를 망치는 것을 흔히 볼 수가 있습니다.
하지만 시를 쓰는 능력이 시인의 판단에 의해
옳고 그름이 명확하게 통제되지 않으면
인간의 순수한 정신에 도달할 수가 없기 때문에
진정한 시인은 언제나 비틀리고 뒤틀린
국민들이 아우성치고 있는 비참한 현실 속에서
약한 나라의 영토를 빼앗기 위해
미쳐 날뛰는 강대국들의 음침한 야욕 속에서
탐욕의 놀음을 벌이는 꼭두각시들의
유치한 애국심 속에서
배고파 굶주린 국민들의 아우성 속에서
천국과 극락을 그럴듯하게 선전하는
종교인들의 기만된 허풍 속에서
인간의 정신을 메말리는
고도로 발달한 독소문명을 찬미하는
화려한 장식과 치장에 반기를 들면서
조금도 흔들리지 않는 강인한 정신으로 일관한 채
세상을 창조한 신을 향해
더럽다고 침을 퉤퉤 뱉으며
나라의 생명이 불모지에서
갈길을 잃고, 정처없이 방황하는
황야의 새와도 같이
갈증에 허덕이는 목마른 나무처럼
사람들의 메마른 입술을 축여주는 단비와도 같이
낡은 의식 속에서 허덕이는 사람들의 마음을 변화시켜

세상을 한번 바꿔 보려고,
기를 쓰게 되는 까닭은
눈앞에 보이지 않는 것은 없는 것이고,
오로지 보이는 것만이
우리들의 생활에 참다운 생명의 가치를 주는 것인만큼
시가 현실을 외면하고,
인간의 생활과는 전혀 무관한
종교적 환상으로 빠져들게 되면
귀는 있으나 듣지를 못하고,
눈은 있으나 보지를 못하는
장님이나 귀머거리 신세로 전락하기 때문입니다.
하지만 더러운 시대에 더럽다고 욕을 하거나
옳으면 옳은대로 그르면 그른대로
더 보태거나 빼지도 말고,
있는 그대로를 숨김없이 춤추고, 노래하며
때로는 괴로움을 참다 못해 욕이나 실컷 하면서
신이나 권력자들에게 저항을 하게 되는 것은
환상의 세계를 꿈꾸는 설교자들의
기만된 설교나 기도 따위 보다는 훨씬 더
훌륭한 가치가 있을진대
권력자들이나 종교인들은 이들을 잡아다가
하느님과 조국을 배신한 이단이나
좌익이나 적색분자로 몰아서
처형을 시키는 천인공노할 만행을 저지르고 있습니다.

이상한 일들

세상에는 참으로 이상한 일들이
많이 벌어지고 있습니다.
사람들은 누구나를 막론하고,
천국이나 극락을 찾으며
거기를 꼭 가보고야 말겠다고,
신을 향해 미친듯이 애걸복걸하고 있습니다.
하지만 유감스럽게도 거기를 가본 자는 하나도 없습니다.
만약 거기가 있다고 가정을 할지라도
태초 이래 거기를 간 사람치고,
다시 살아서 돌아온 사람이 하나도 없는 것을 보면
예수나 석가는 다만 남을 내 몸 같이 사랑하고,
남의 것을 탐내지 말고 열심히 일을 해서
먹고 사는 현세의 삶이 바로 극락이나 천국이 되는 것이려니
싸우지들 말고 화목하게 살라는
평등사상을 가르쳤을 뿐인데도
그들의 이름만 가지고는
사람들이 도저히 믿어주지를 않기 때문에
후세의 믿는 자들이 사람들의 재물을 받아먹기 위해
눈 가리고 아웅 하는 식으로
이런 신비로운 헛소문들을 군더더기로 더 꾸며가지고,
사람들을 기만하는 것이라고 보는 것이
더 현명한 판단이 되겠지오.
이런 자들의 공통적인 상투어는
대부분이 인간들이 눈으로는 볼 수 없는
불합리한 것들을 섞어서 꾸며대고 있기 때문에

인간들의 순수한 사고에 치명적인 타격을 주고 있다는 것입니다.
그러니까 세상을 살아가는 이치가 그러하듯이
사람이 지켜야 할 바른 도리에 따라
모든 욕심을 훌훌 털어버리고,
남의 것을 탐내지 않고,
천리를 배반하지 않으면 그것이 바로 도가 되고, 덕이 되어
참다운 삶의 가치가 되게 마련이거늘
그렇게 참되고, 의로운 말들은 어디다 싹 감춰놓고,
사변적인 말장난으로
인간의 마음을 들뜨게 만드는 것인지
제 아무리 달콤한 말로 병 주고, 약 주는 격으로
국민들의 삶을 미혹되게 만드는 착취의 도구로 사용되어
기만된 천국이나 극락을 들먹거리며
다 똑같이 죽어가는 주제에
누가 누굴 구원해 준다는 것인지
사변적인 말장난으로 인간을 농락하는 것도
역시 인간세상에다 죄악의 씨를 뿌리는
미친짓이나 다름이 없다는 것입니다.

공 부

공부는 사람들만 하는 것이 아닙니다.
동물이나 식물들도 합니다.
사람이 어머니 뱃속에서 나올 때는
아무런 죄가 없습니다.
하지만 자라나면서 권력이나 명예나 부를 쌓기 위해
거짓과 탐욕에 얽힌 허위와 욕심의
가르침을 받으면서
남을 불행에 빠뜨리고,
도둑질을 하기 위해
서로에 대해 끊임없이 눈동자를 번뜩거리면서
갈등하고 대립하는 공부를 합니다.
하지만 동물이나 식물들이 하는 공부는
누가 시켜서 하는 것이 아니고,
자신들이 처해진 환경에 따른
나름대로의 특성을 가지고,
고약한 날씨나 해충과 독을 이겨내고,
생명을 유지하기 위해
생성하고, 변화를 거듭하는 공부를 합니다.
그렇게 분투하지 않으면 자신들의 생존을
유지할 수가 없기 때문입니다.
그러니까 당신이 항상 보시고, 느끼시는 바와 같이
봄에는 만물이 소생하는 가운데
여름에는 신록이 우거지고,
가을에는 열매를 맺고,
겨울에는 휴식을 취하면서

더위와 추위가 자리를 바꿔가며
계절이 바뀔 때마다 자신들이 처해진 환경에 따라
단점을 고치고, 장점을 향해서 나가는
의지의 공부를 하기 위해
나뭇잎은 바람결에 따라
끼리끼리 부딪치는 소리가 나고,
대소미물에 이르기까지
자신들의 생활을 개선하기 위해
나름대로 끊임없이 일어나고,
멸함에 다함이 없으니 봄풀은 우거져 숲을 이루고,
천지의 기운을 고루게 만들어 주는 공부를 하는 것입니다.
그리고 숲이나 강이나 바다도
지구도, 물도, 은하계도
역시 끊임없이 움직임을 멈추지 않은 채
생성과 소멸을 반복하면서
해와 물과 공기가 삼위일체가 되어
아름다운 삶의 조화를 이루면서
세상을 열심히 창조하는 가운데
모든 만물은 대소미물에 이르기까지
천차만별로 변화를 거듭하면서
생명의 참모습을 보여 주고 있습니다.
물론 사람들도 자신이 처해진 역경을 이겨내기 위해
선택의 권리를 가지고, 노력하는 사람이
없는 것은 아닙니다.
하지만 인간이란 원래가 욕심이 많은 동물이기 때문에

대개의 사람들은 탐욕에 집착한 나머지
문명이란 허울 좋은 구실로
자연을 파괴하고, 짐승을 멸종시키거나
헛것에 얼이 빠져 가지고,
죽어서도 극락이나 천국에 가서
영원히 살게끔 해달라고,
아우성치는 헛된 망상의 공부를 하거나
약한 놈 등을 쳐서 대대로 물려주기 위해
해먹을 궁리에만 몰두한 나머지
끊임없이 소유하기 위해 경쟁을 강요하는
공부를 하면서 눈에 배는 것이면
모두다 뺏고, 훔쳐다가 창고에 쌓아두기 위해
서로에 대해 눈을 치켜뜨고,
물고, 뜯고, 찢어발기고,
뺏고, 빼앗는 공부를 하기 위해
대학을 다니면서 사람을 죽이기 위해
천인공노할 독가스를 만들거나
생체실험을 하는 공부를 하면서
약한 나라들을 털도 뜯지 않고,
통째로 삶아서 먹기 위해
근사한 술수로서 사기를 치는 공부를 하면서
후손들에게 장차 권력을 잡으라고,
수단과 방법을 가리지 않고,
대를 이어가며 편취하는 법을 가르쳐 주면서
국민의 고통을 외면하고,

착취하는 공부를 하기에
혈안이 되어 있다는 것입니다.
하지만 나는 인생을 좀 더 즐겁고,
신나게 사는 방법을 강구해 보기 위해
나의 부족한 점을 인정하고,
날마다 열심히 찾고, 구하면서
항상 깨어 있는 정신으로 유약함을 물리치고,
강인한 의지로서 인생을 좀 더 알기 위해
근신하는 자세로 갈고, 닦는 마음공부를 하렵니다.
왜냐하면 우리의 삶 속에는 배워야 할
일들이 너무도 많기 때문입니다.
우리가 스스로 자각을 하지 못한다면
자유롭게 살아가는 보람을 느끼지도 못할 뿐더러
이웃에 대한 사랑조차 외면을 하게 됨으로써
사물을 존재방식 있는 그대로 관조하고,
이해하기를 바라는 의미에서입니다.

매미가 껍질을 벗듯이

도는 머리를 깎고
세속은 모두가 더러워서 못살겠다고,
침을 퉤퉤 뱉으며 혼탁한 세상을 벗어나
산 속에 들어앉아 보이지도 않는
텅빈 허공을 향해 중얼중얼 거리다가
배가 고프면 귀중한 식량이나 축내면서
값비싼 시간을 허송세월로 보낸다고 해서
저절로 이루어지는 것이 아니고,
오늘날 우리들이 몸소 겪고 있는 바와 같이
미친 소에 광우병이 있듯이
생선 속에 방사능이 들어 있듯이
잠 속에 꿈이 있듯이
문명 속에 독기가 있듯이
음침한 사랑 속에 거짓이 깃들어 있듯이
탐식을 즐기는 부자들의 몸 속에 고혈압과
당뇨병이 도사리고 있듯이
시 속에 위안이 있듯이
허공 속에 신이 없듯이
심장 속에 숨쉼이 있듯이
모든 고통받는 민중들이
어이가 없어 말문이 막혀 비명을 지르고 있을 때
사랑과 이해로서 관용을 베풀면서
희노애락을 함께 하는 것이
진정한 깨달음의 세계가 될진대
고난받는 민중들의 삶을 외면하고,

산 속에 들어앉아 허무한 망상의 세계를 향해
지껄여대는 석가박사들의 염불소리나
예수박사들이 자기들 마음대로
맘에 들지 않으면 떼었다 붙였다 하면서
돈을 빨아먹고 있는 것은
마치도 불난 데 부채질을하는 격으로
인간의 괴로움에 대한
가혹한 조롱이 아닐 수가 없다는 것입니다.

독일의 개들

독일인들은 개들이 죽게 되면
그들의 공동묘지에다 무덤을 써주고,
그 앞에다 개권을 존중하는 묘비명을 세워주기도 합니다.
그리고 더러의 사람들은 눈물을 짜내면서 자신들과 함께
역사의 길동무가 되어온데 대한 최소한도의 대우를 해줍니다.
하지만 한국인들은 개들이 죽게 되면 눈물은 커녕
옳거니 하고 쾌재를 부르면서
곧장 몸을 보신하는 보신탕이 되어
사람의 뱃속으로 들어가 똥이 되어 나옵니다.
그래서 독일인들은 한국사람들을 보면
미개인 취급을 합니다.
하지만 내가 알기로는 이들도 역시
양차 대전을 통해서 보는 바와 같이 굶주림에 지친 나머지
개나 고양이가 눈에 띄었다 하면 닥치는대로 잡아먹었고,
심지어 지나가는 여자를 납치해다가 섹스를 하고,
살인을 하여 정육점에 매달아 놓고 팔았던 것과
히틀러와 같은 깡패들이 나타나
수 없이 많은 사람들을 학살한 야만인들이
인육을 먹었던 사실들은 어디다 싹 감춰놓고,
참으로 가난이 죄인지라 만만한 게 홀아비 좆이라고,
이거야말로 도둑이 제발 저린 격으로
똥 묻은 개가 겨 묻은 개를 나무람하는 격이
아닐 수가 없다는 것입니다.

육이오 동란

해와 달과 온 우주와 사람이
이 세상에 출현한 이래로 가루가 되도록
가장 비참한 잔해를 남겼던
미친 개들의 싸움은
우리의 산하를 아무런 대가도 없이
서로 독차지하기 위해 미쳐 날뛰는
도적떼들이 자신들의 앞잡이들을 시켜
일으킨 꼭두각시들의 패싸움으로
인간이란 동물이 얼마나 잔인하고 악랄한가를
극명하게 보여주는 죄악 중의 죄악이라고,
선언을 하는 바입니다.
나는 이렇게 내 부모, 내 형제, 내 처자와 친구들이
서로 총질을 해가며 물고 뜯는 개만도 못한
잔혹한 학살과 방화와 약탈 속에서
동포, 형제, 우정따위는 눈곱만큼도 찾아볼 수 가 없을 정도로
모든 양심과 타협이 철저히 거부된 채
다만 눈을 부릅뜨고 상대방을 죽이지 않으면
자신이 죽어야 하는 잔인한 살인게임에서
길에는 피난을 가다가
굶어죽는 시체들이 이곳저곳 깔려 있는 가운데
까마귀떼들과 쥐와 개들이 즐거운 낙원이라도 만난듯이
먹구름처럼 새까맣게 달려들어
횡재라도 만난듯이 뜯어먹고 있는 가운데
그 밑에는 하얀 구더기떼들이 꾸물럭거리면서
맛을 즐기고 있는 가운데

온 동네는 마치도 초상난 집처럼
울고 불고 난리를 쳐대는 슬픔에 잠겼으며
이미 폐허가 되어버린 건물들과
텅비어 있는 모든 상점의 갈라진 유리창에는
총알이 지나간 자리에 구멍이 뚫리고,
피아가 갈릴 때마다
좌가 뭐고, 우가 뭔지도 잘 모르는
양같이 순한 우매한 백성들에게 잘 살게 만들어 준다는 말에
멋도 모르고 도장을 찍는 바람에
빨갱이나 반동분자로 몰려
제 멋대로 처형하는 집단살육의 광란 속에서
총알이 아깝다며 구덩이 속에다 생매장을 시키거나
아기를 밴 여자의 배를 총검으로 난도질을 하는
인류 최악의 잔인한 만행을 저질렀기 때문에
거기에서 곧바로 피와 물이 흘러나와
내장이 튀겨져 나오기도 했고,
사람을 죽이고, 입 안에서
금이빨을 빼내거나 꽁꽁 언 손가락을
대검으로 툭툭 쳐서
부러뜨린 다음 금반지를 빼내기도 했으며
인민재판이란 이름으로
재산을 많이 가진 부자들에게는
기부라는 이름으로 재물을 뺏고,
더러는 울면서 겨자 먹기 식으로 살려주기도 하였다.
하지만 피아가 갈릴 때마다

눈알이 미친 개처럼 시뻘개가지고,
마치도 아비를 쳐죽인 불구대천의 원수라도 되는 것처럼
사정없이 쳐죽이는 빨갱이나 반동도 같은 피를 받고 태어난
동포, 형제, 자매가 될진대
우리가 어찌하여 적이 되어 가지고,
누가 적이고, 누가 아군인지 분간하지 못할 정도로
서로가 죽이고, 죽여야 하는 건지
무참하게 집단학살을 자행했던 나머지
온 세상은 하늘을 찌를듯이 시체 썩는 냄새로 가득찼고,
다행히도 여기서 살아남은 사람들은
배가 고파 환장한 나머지
임진왜란이나 병자호란을 비롯한
한말에 나라가 망할 때처럼
아비가 자식을 잡아먹거나
자식이 아비를 잡아먹는
아비규환의 상태 속에서
동족상잔이 휩쓸고 지나간 곳은
어디나를 막론하고 처참하기 그지 없는
비참한 잔해를 남긴 채
서로가 기진맥진한 상태로
휴전이란 핑계 아래 전쟁은 끝났지만
살인자들은 처벌되지도 않았고,
공개적인 언급이나 토론조차 금지한 채
자신들의 잘못을 인정하기는 커녕
오히려 도둑이 제발 저린 격으로

서로가 먼저 침략을 했다고,
발뺌을 하는 몰염치한 세상에서
삐딱하게 나갔다가는 다치기가 십상이었다.
왜냐하면 김일성을 비판하면 반동분자로
이승만을 비판하면 빨갱이로 낙인이 찍혀
사회적으로 불이익을 받는 시대의 살벌한 분위기 속에서
맞아죽는 일들이 다반사처럼 일어나고 있었기 때문에
빨갱이나 반동의 마수에서
벗어나는 유일한 길은 피아가 갈릴 때마다
평소에 원한이 졌던
친구나 이웃들을 무고하게
고발을 함으로써
고발은 다시 고발을 불러오는
편협한 애국의 희생양이 되어
오늘날 우리들 모두가 몸소 느끼고 있는 바와 같이
믿음으로 얽혀 있던 평화로운 우리들의 지역사회에
미풍양속은 땅에 떨어져 눈곱만치도 찾아볼 길이 없고,
온갖 거짓과 기만이 난무하는
생지옥을 만들어 놓았기 때문에
양대 독재의 혹독한 채찍을 맞으며 살아가는
국민들은 어느 장단에 맞춰 춤을 춰야 할지를 몰라서
듣고도 못들은 척 보고도 못본 척
자나 깨나 입조심을 하면서
더러는 간에 가 붙었다가 쓸개에 붙기도 하는
기회주의가 번성했던 것이다.

정녕 그렇다면 나는 이들에게 묻고자 하노니
그대들은 도대체 무엇을 기준으로 국가와 민족에 대한
애국의 가치를 평가하느냐고?
그렇게도 수많은 동포가 아무런 죄도 없이
허공으로 사라져간 살인 전쟁임에도
그들은 서로가 도둑이 제 발 저린 격으로
자신들이 승리를 한 것은 신의 축복이라고,
귀가 따가울 정도로 시끄럽게 불어대는
광란의 나팔소리는
국민의 비난과 분노를 잠재우기 위해
핑계를 대는 것이나 다름이 없나니
그렇다면 어느 누가 죄없이 죽어간 이들의
억울한 한을 달래줄 수가 있겠는지
다 그놈이 그놈인
이 냉엄한 현실 속에서
서로가 잡아먹지 못해 환장하는 판국에
하늘을 원망해도 시원치 않을만큼
시대의 중압에 결박되어
짓밟히고, 깎이운 채
모든 삶이 재가 되었음에도
거기에 대한 보상은 커녕
편협한 애국의 희생양이 되어
허공에 떠도는 고혼이 되고 말았으니
오! 하느님과 조국을 배신한 악마의
후손들이 한치의 반성도 없이

뻔뻔스럽게 대를 이어 가면서
권좌에 올라앉아 국민의 목이나 조르면서
나라도 제대로 지키지도 못하는 주제에
민족태양 운운하며
세계에서도 보기 드문
하늘이 내린 민족의 영도자를 자처하는 것은
참으로 꼴불견이 아닐 수가 없을진대
신이 정녕 존재하고 계신다면
그동안 일본놈들에게 온갖 수탈을 당해온 것만도
분통이 터지고도 남는 일이거늘
도대체 우리가 무슨 죄를 졌기에
이토록 가혹한 시련을 안겨 주셨는지
다시는 우리에게 지옥보다도 더한
괴로운 악몽을 보여주지 마시라고,
불만을 터뜨리며 당신을 향해
참으로 더러워서 못살겠다고,
침을 퉤퉤 뱉으며 반항을 하게 되는 까닭은
그런 맹목적인 복종은 우리의 정신을
노예로 만들어 버리는 것이나 다름이 없기 때문에
모든 동포가 사상과 이념을 초월하여
차별없는 평등함 속에서
억압과 지배가 없이
자유롭게 숨쉬고자 하는
우리들의 지치고 힘든 염원이여!
다시는 우리 땅에서 이와 같은 악랄한 범죄가

반복되게 하지 마시고,
부디 자유스런 삶을 누릴 수 있게끔
우리는 우리대로 자유의사를 지닌
동물로서의 가치를 인정해 달라는 것입니다.

조상의 얼굴에 침을 뱉어라!

우리들 모두가 이미 역사서적을 통해서
배워온 바와 같이
어느 시대를 막론하고,
나라를 요모양 요꼴로 망쳐 놓은
무능하고, 부패한 왕이나 탐관오리들을 비롯한
나라를 팔아먹은 친일파들이나
국민의 자유와 인권을 압살하고,
동포를 무참하게 학살한 독재자들은
당연히 이 땅의 주인인 국민들의 재판을 받고,
지옥의 쓰레기통에다 던져버려도
시원치 않을 도둑놈들이라고 선언을 합니다.
이야말로 한국의 내로라 하는 양반씨들이나
친일파의 후손들이나 독재자를 추종하는
무식쟁이들이 들으면 배은망덕도 분수가 있지
그래 세상에서 보기 드문
훌륭한 문화를 남겨주신
조상의 은덕에 감사하지는 못할망정
욕이나 해대는 천하에 고얀놈이라고,
펄쩍 뛰고도 남을만한 일입니다.
물론 우리 조상들이 중국이나 일본을 물리쳐서
노예의 삶을 살지 않고,
우리 민족의 고유한 전통 문화정신을 지켜가면서
우리 나름대로 역사를 창조하고,
자주적인 길을 갔다면
그렇게 말을 해도 달게 받을 수가 있겠지오.

하지만 현재 보시는 바와 같이
중국이나 일본놈들에게 달달 털린 나머지
역사를 이렇게 엉망진창으로 만들어 놓은
탐욕에 걸씬들린 도둑놈들이나
학살자들이 남겨놓은 더럽고 치사한 악덕을 지닌
계명구도나 다름없는 자들에게
감사를 해야 할 하등의 이유가 없기 때문에
우리는 후손된 도리로서 다시는
그와 같은 전철을 되밟지 않기 위해
나는 역사의 심판자로서
그들의 죄과에 대한 양심의 검증을 요구할 권리가 있기 때문에
허위로 얼룩진 그들에게 유죄를 선고하는 까닭은
그들이 풍미했던 빛나는 반역의 시대가
우리에게는 피비린내 가혹한 시련의 역사였기 때문입니다.
물론 삶에 대한 본능을 깨닫지 못한 채
손가락 하나 까딱하지 않고서도
동물적인 본능으로 먹고, 마시고, 똥을 싸대는
개, 돼지 팔자의 후손들이라면
아무 것도 말할 필요가 없겠지오.
하지만 우리는 지금 역사의 추세에 따라
길바닥에 떨어진 똥을 치우지 않고,
더러운 냄새를 맡으며
역사를 이어온 탓에 외세의 포로가 되어
철창 속에 갇힌 대가를 톡톡히 치르고 있는 것이려니
이런 역사의 길바닥에 떨어진 썩은 부패물들을 청소를 하지 않고,

그냥 알고도 모르는 척 지나쳐 간다면 내일에 사는
우리의 후손들 역시도
또 다시 불행을 초래할 것이 불을 보듯 뻔한 일이기에
이 시대를 살아가는 우리의 얼굴도 역시 엉망진창이 되어
후손들에게 똥소리를 듣게 되고도 남는 것이려니
다시는 이런 불명예스러운 가치관이 반복되지 않도록 하기 위해
사라져가는 민족혼을 일깨워 주고,
새 시대를 향해 우리의 진로를 가기 위해
청소를 하고자 함이니
다시는 반복되지 않도록 후세들에게 경고를 하기 위함이니
과히 책망을 하지 마시라는 까닭은
삼국통일을 한답시고,
당나라의 힘을 빌려다가 동족을 멸하고,
영토를 줄여먹고,
한중합병을 자초하고,
중국의 연호를 쓴 죄
우리의 글자와 습관을 비웃고,
한문을 숭상한 죄
모든 제도를 중국식으로 개명하고,
우리의 고유한 지명이나
이름을 없애고,
중국의 지명으로 고치거나
그토록 찬란했던 고대문화를 까부수고,
다람쥐 쳇바퀴 돌듯이
자신들의 정체성을 버리고,

중국을 흉내내며 소중화를 자처한 죄
제 나라 국호를 자신들이 짓지 못하고,
중국이나 일본이 지어준 탓에 자주적인
창조성을 결여한 죄

(조선이란 국호는 명나라의 주원장이 지어주었고,
대한제국이란 국호는 일제가 조선을 유린하기 위한 수작으로
청일전쟁에서 이긴 후 시모노세끼 조약을 체결한 후
조선을 청나라의 영향권으로부터 제거하기 위해
무능한 망국군주 허수아비 고종에게 대한제국이란 국호를 사용할 것과
황제국을 선포하고, 독자적인 연호를 사용할 것을
요구함에 따라 임시변통으로 지어준 국호로서
이 부분에 대해서는 우리의 역사가들이 창피스러운 일이니까
고의로 숨기고 있음을 상기하시라는 것입니다.)

조선을 명나라의 속국으로 만들어놓고,
사대모방이나 백성을 착취하여
곡간에 쌓아놓고 호의호식하기 위해
자신들의 탐욕을 법으로 정한 이성계의 죄
유교의 사상에 눈이 뒤집힌 나머지
우리의 뿌리를 찾아볼 수 있는 고대 역사서적은
모두가 미신이라 하여
싸그리 불태워버리고, 명나라에서 사신이 올 때마다
영은문 앞에 나가 무릎을 꿇고 머리를 조아리며
절을 올리거나 그들의 비위를 맞추기 위해
뇌물을 주거나 공녀들을 바치기위해
전국 각지의 모든 집들을 이잡듯이 수색하는 와중에서

왕명을 거역하고 자식을 숨겼을 때는
가차없이 재산을 빼앗고 벌을 주거나
귀양을 보냈던 이방원과 그의 아들 세종의 죄
임진왜란이 일어나자 혼자만 살기 위해
다른 사람은 건너오지 못하게끔
임진강의 나룻배들을 모두 불질러버리고,
의주로 도망친 선조의 죄와
이미 망해서 없어진 명나라를 섬기면서
소중화를 자처한 죄
육이오 동란이 일어나자 혼자만 살겠다고,
자기 마누라와 함께
대전으로 제일 먼저 도망간 후
다른 사람들은 건너오지 못하게끔
한강다리를 폭파시킨 이승만의 죄
그리고 주자의 학문을 베껴 이 땅에 전파한
퇴계나 율곡을 비롯한 만동묘를 만들어 놓고,
이미 죽은 중국황제를 찬미하며 머리를 조아린
얼빠진 송시열은 역사의 무대에서 끌어내려
그들의 명예에 똥칠을 해야 하고,
차라리 혀 깨물고 자살을 했어야 하거늘
홍태쥐 앞에서 무릎을 꿇고, 삼배구고두례를 올린 인조의 죄
그밖에도 자기들 보다도 똑똑한 사람이 나타나서
우리 것을 주장하고, 바른 말을 하게 되면
으레 어리석은 바보들이 결탁하여
사문난적이나 역적이나 빨갱이나 반동으로 몰아

처형을 시킨 것과
백성들이 읽고, 쓸 줄을 알고,
사물의 이치를 바르게 깨닫게 되면
자신들의 탐욕의 권리를 빼앗길 것을 두려워한 나머지
우민정치를 하여 백성의 눈과 귀를 마비시킨 죄
그리고 삼천리 방방곡곡을 떠돌아 다니면서
척양척왜를 외치는 의병들을 모두 죽이고 돌아온
왜놈의 대장에게 감사망극하며
경회루에서 축하잔치를 베풀어 주었거나
미국의 선교사들에게 광업권, 채굴권을 부여해주고,
매관매직을 통해서 왕권을 강화하고,
백성을 도탄에 빠뜨려 놓고,
해외로 도망을 가기 위해 모든 재산을
덕화은행이나 러중은행으로 빼돌려 놓고,
나라를 망쳐먹은 고종의 죄
그리고 이등을 죽인 것은 그런대로 좋게 봐줄 수가 있을지라도
척양척왜를 외치며 자주독립을 갈망하는
동학교도들을 폭도로 몰아서
무차별하게 죽인 안중근과 그 아비의 죄
그리고 현재도 보는 바와 같이
일부의 정치인이나 고관대작들은 한번 지내먹으면
국민들에게서 쥐어짠 돈을 미국이나 서구은행에 빼돌려 놓고,
자자손손 대를 이어가면서
손톱 하나 까딱 하지 않고서도
호의호식하고 있는 죄를 비롯하여

역적이나 친일파가 애국자로 둔갑하여
기부금을 뜯어다가 제사를 지내주거나
한치 앞을 바라보지 못하는
바보들이 탁상시계 하나씩을 선물로 받고,
사망진단서나 다름없는 한일합병에
도장을 찍은 을사오적들의 죄
해방 후 소련과 미국을 등에 업고,
친일파를 청산하지 못한 채
통일을 열망하는 애국자들을 모두 살해하고,
반쪽정부를 세운 김일성과 이승만의 죄
육이오 동란을 일으켜
조국의 심장에 불을 지른 김일성의 죄
그리고 한일조약을 통해서 보는 바와 같이
6천5백만 달러나 되는 커미션을 받아서
한일회담을 날치기로 성사시킨 것과
외국에서 차관을 얻어다가
끼리끼리 나눠서 사용하고 남는 것은
자본가들에게 투자금으로 빌려주고,
이자로 자금을 부풀렸거나
툭하면 빨갱이 사냥 등으로 퍼포먼스를 자행했던
스네이크 박은 대한민국의 근대화와 산업화의 상징은 될지라도
그 과오가 매우 크며,
일본군 간도특설대의 앞잡이들은
독립군 포로들을 기둥에 묶어놓고,
때려 죽이기를 비롯한

땡볕에 묶어놓고, 말려죽이거나
독립군 여자들을 잡아다가 강간을 하고는
생체실험실로 보내었던 것과 그밖에도
조선인들이 사는 곳이라면 산간벽지 마을에까지 쳐들어가
주민들을 게릴라로 몰아서 가차없이 쳐죽였던
간도의 졸개들은 말할 가치조차 없고,
광주시민의 인권과 자유를 박탈하고,
무참하게 집단학살을 감행한 살인마 전두환과
노태우를 비롯한 그들의 뒤를 이어서 고급관료가된
거러지 같은 정치사기꾼들은
국민을 착취하여 쥐어짠 돈을
미국이나 스위스 은행으로 빼돌려 놓고,
그들의 후손들이 이민이란 명목으로 몰래 도망쳐 가서
미리 숨겨 놓은 돈으로 부동산 투기를 하고 있는 죄와
자기 나라를 가지고도 제 맘대로 못하고,
큰 나라의 머슴꾼 노릇을 하고 있는 주제에
하늘이 내린 사람이라고 헛소리를 하는 죄
그리고 남의 지적인 학문을 훔쳐다가
제가 지은 것처럼 표절해서
학생들을 가르치는 교수들의 모방죄는
그야말로 역사의식을 망각한 나머지 가치관의 상실로 인해
민족적으로 일어나는 정신착란증이라는 것입니다.
하지만 이런 고질적인 병폐들를 자각하지 못한
국민들은 오늘날까지도
이런 파렴치한 사기꾼이나 범법자들을 구별하는

이성을 결여한 채
세계에서 보기 드문 훌륭한 조상이라고,
알아주는 어리석고 무식한 죄
그리고 허공에다 성채를 지으려고,
발광하는 종교인들의 죄
국가의 영토를 줄여먹고,
강대국들에게 비대발괄을 하면서
꼼짝을 못하는 꼭두각시 주제에
국방위원장이 되는 녀석들마다
정감록이 예언한 인류의 태양이나
반공의 영도자니, 뭐니 하고,
갖가지 호칭을 붙여가며 국민들을 기만하는 죄
그리고 마치도 신이라도 된 것처럼
고귀하고 성스런 흉내를 내면서
기만당한 구원에 감사하는
종교인들의 사기죄는
백번을 생각해 보더라도
나라를 좀먹는 역적들이나 하는 짓이려니
자! 나라의 국민정신이 이 정도까지
고칠 수 없는 미친 증세로 타락을 했다면
식인종 떼놈들이 동북공정을 하고 있는 것이나
강대국 침략자들이 한국을 자국의 왕국처럼
식민지를 만들기 위해
자유무역협상이란 그럴듯한 구실로
한외합병을 유도하려는 저의는

우리를 영원한 신민지로 만들기 위해
도장을 찍은 것이나 다름이 없다는 것과
일본놈들이 또 다시 우리를 신민지로 만들기 위해
독도를 자기들 땅이라고 시비를 걸어가며
경제적 침탈을 자행하는 그런 음흉한
속셈을 알고도 남음이 있을진대
오! 오늘도 훈계에 시달리고,
속고, 속으면서 짓밟힌 채 살아온
불쌍한 우리의 민중들은 그런 썩은 부유물들을
쓰레기통에다 던져버려야 한다고,
고래고래 소리를 쳐대는 것이
우리들의 타고난 운명인양
비열한 쓰레기통을 짊어지고,
살아가는 시대의 아픔은 마치도 영원한 굴레처럼
밑 빠진 독에다 물을 붓듯이 말짱 꽝으로 끝난 채
다람쥐가 쳇바퀴를 도는 것처럼
정체된 모습의 역사가 반복되고 있는 것입니다.

복 종

종교를 믿는 자들은 사람들에게
신의 말씀을 거역하면 천벌을 받고,
숨막히는 지옥의 불구덩이 속에서
영원한 고통을 줄 것이니
알아서들 기라고 은근히 겁을 줍니다.
하지만 나는 눈에 뵈는 것이 하나도 없는 탓인지
겁대가리를 상실한 나머지
신의 말씀이 비록 옳다고 하더라도
그런 것들이 털끝만치라도 우리 민족의 자주적인 길을 방해하고,
약자를 구렁텅이 속에다 빠뜨려놓고,
고통을 주는 일이나
국민들의 자율적인 창조성을 가로막고,
인권을 착취하는 일이라면
백번을 죽어서 지옥불에 던져지는
고초를 겪을지라도
눈 하나 까딱하지 않은 채
하등 겁날 것이 없으니
당신들 마음대로 죽일테면 죽이고,
살릴테면 살리든지 마음대로 해보라고,
큰소리를 외쳐대며 저항을 하게 되는 것을
꽤나 큰 자랑거리로 여기고 있습니다.
왜냐하면 탐욕에 눈이 뒤집힌 나머지
인간들이 만들어낸 모조품에 지나지 않는 신이란 존재는
인류가 세상에 출현한 이후부터 강자들에게
재물을 너무도 많이 받아먹은 탓에

그들의 편이 되어
끊임없이 약자를 괴롭히며
술수의 함정에 빠뜨려왔기 때문입니다.
그러니까 쉽게 말해서 참는 자에게
복이 있다는 신의 말씀에 복종을 하는 것은
강한 자들의 힘의 논리에 빠져들게 되는 것인만큼
우리들의 자율적인 삶이
저들의 쇠사슬에 묶인 채
노예가 됨으로써
자주적으로 살아가려는 민중들의 창조성에
치명적인 손상을 가져오기 때문입니다.

석가와 예수

석가나 예수가 마치도 하느님이 선택한 사람처럼
인간들의 가슴에 맺힌 모든 한을 풀어주기라도 하는양
거룩한 흉내를 내면서
자신들이 마치도 세상의 죄를 모두 뒤집어 쓰기라도 한 것처럼
선한 체를 하면서 자기들도 못가는 주제에
날조된 허풍으로 사람을 울렸다, 웃겼다,
들었다, 놓았다 하면서
천당이나 극락을 들먹거리며,
떠들어대는 것은
마치도 구덩이를 파놓고,
장님을 인도하여 흙으로 덮어버리는 것이나
다름이 없다는 것입니다.
그러니까 사람으로 태어나 자유로운 세상에서
옷입고, 밥먹고, 일하면서
남을 해치는 일 없이
아무리 천한 자라 할지라도
서로 마주치면 인사를 나누고, 기뻐하며
웃음꽃을 피운다면
그것이 바로 저들이 부르짖는 즐거운
지상의 낙원이 되는 것은 자명한 이치가 될진대
그런 참되고, 의로운 말들은 어디다 싹 감춰놓고,
무미건조하기 짝이 없는 허황된 말장난으로
사람들의 정신을 들뜨게 만들어놓고 있는 것인지
그것도 역시 인류의 역사 앞에 죄를 짓는 것이나
다름이 없는 것이려니

항상 깨어있는 마음으로
인생을 즐겁게 살아가시라고,
권하는 것은 신의 목소리가 아니라
사람이 사람답게 살 수 있는
인간의 순수한 본성에 내재한
영혼의 목소리이기 때문입니다.

그대의 삶을

내 몸뚱이의 주인은 어디까지나 나입니다.
그런데 당신은 어찌하여 자신의 존재를 자아 속에서 찾지를 않고,
어디서 참 나를 찾으려고,
그렇게 속마음까지 다 빼주면서
텅빈 허공을 향해 구원해 달라고,
종교적 환상에 사로잡혀 발광을 떨고 있는 것입니까!
스님들은 극락이나 해탈을 이야기하고,
종교인들은 부활이나 천당을 이야기합니다.
하지만 거기에는 인간이 잡을 수 없는
뜬구름과도 같은
허망한 수식어들로 가득차 있는 것으로 볼 때
그것은 하느님이 만들어 놓은 것이 아니고,
후세의 믿는 자들이
사람들의 재물을 약탈하기 위해
허울 좋은 구실로 뱉어놓은
허위와 기만의 함정일 뿐이라는 것입니다.
하지만 권력자나 종교인들은
신이란 허망한 존재를 만들어 가지고,
자신들이 마치도 하늘이 내린 사람처럼
제 논에 물대기식으로
그럴듯하게 떠벌려 대면서 자신들의 말에
복종을 하지 않거나
헌금을 많이 내지 않으면
아무리 열성으로 믿으면서 좋은 일을 많이 했을지라도
천국이나 극락에 갈 수가 없다고 공갈을 마구 쳐댑니다.

하지만 천국이나 극락은 그들에게
재물을 바친다고 해서
얻어지는 선물이 아니고,
자신이 얼마만큼 참다운 삶을
살았는가에 대한 바른 생활 태도에서
얻어지는 것인만큼
배고파 환장하는
거지들의 각설이 타령은
허공을 향해 진상하는 광신적 위선자의
허망한 기도소리 보다 훨씬 더 훌륭한
가치가 있나니 감미로운 망상에 도취되어
발광하는 사이에 그대의 껍질은 벗겨져
결국은 나락의 길로 떨어지게 되는 것이려니
오! 구제불능의 죄를 저지르고 있는
육신의 옷을 걸친 인간들이여!
부디 자중하는 마음을 가지라는 것입니다.

우리의 역사

나는 오늘도 높은 산에서
자연경관을 바라다 보는 것처럼
우리의 역사를 관망하면서
잘못된 역사에 딴죽을 걸고 넘어지는 까닭은
이런 불행한 역사의 현상은 마치도 우리들이
지옥의 한가운데서 고초를 받고 있는 것처럼
온몸이 오싹해져 옴을 느끼기 때문입니다.
하지만 그것은 아주 잊어버린 것이 아니고,
시대는 이미 지나갔지만 죽은 자가 산 자를 향해
정신을 차리라고,
진실을 말해주는 교훈과도 같은 것이라서
역사를 바로 알면 미래의 칼을 세우고,
과거에 사로잡혀 있지 말고,
밝은 미래를 기약하고 우리는 우리대로
우리의 길을 가자고 손짓을 하는 것이 보입니다.
하지만 솔직하게 말해서 당신들이 철석같이 믿고 있는
한국의 역사는 모든 부분에 걸쳐서
사기와 시기의 역사로
진실한 교훈보다는 허위가 더 많았던 것으로 보아
조선의 오백년 역사의 낡은 제도 속에서
새로운 역사로 바꾸기 위해 설계도를 그린 자는 하나도 없었고,
다만 윗사람에게 잘 보이기 위해
돈을 뜯어다 뇌물이나 바치면서
매관매직으로 치부한 자들이
자신들 나름대로 시세에 따라 귀에 걸면 귀걸이요

코에 걸면 코걸이 식으로
자신들의 탐욕을 입맛에 맞게 짜깁기한
허위와 기만으로 얼룩진 타락의 기록으로
서로 시기하고, 속이고,
의심하고, 모함하는 더러운 탐욕을
박물관에 진열해 놓은
야만적인 유물이라도 보는 것처럼
어안이 벙벙할 정도로
민중적 바람의 창조적 정신은 하나도 찾아볼 수 없고,
다만 권력의 탐욕에 물든
똥 묻은 얼굴들이 역사에 나타나서
의관이나 갖추고, 뜻도 모르고, 웅얼웅얼거리면서
이미 명나라가 멸망해서 없어졌음에도
중국판 소중화나 부르짖는 멍텅구리들이
오직 일신의 영달을 위해
선량한 백성을 착취하고,
종으로 만들거나
부녀자를 겁탈하고,
거짓으로 모함한
탐욕에 걸신들린 양반의 너울을 쓴 자들이
착취로 시작해서 착취로 망해먹은
역사라고 말을 하게 되는 까닭은
콩심은 데 콩나고,
팥심은 데 팥이 나듯이
씨는 절대로 속이지 못하는 것처럼

시대가 바뀌어 국호를 새로 바꾸고,
민주란 말로 눈 가리고 아웅을 할지라도
그 씨에 대한 근본은 자자손손 대대로
영원한 씨가 되어
그렇게도 비겁하고 더러운 찌꺼기들이 부메랑이 되어
오늘도 변함없이 똥, 똥 떨어지는 똥소리처럼
다 그 똥이 그 똥으로 구린내나기는 마찬가지
그 전통을 이어받은
똥 묻은 얼굴들이 나타나서
그 더러운 버릇을 고치지 못하고,
나라의 구석구석을
여전히 구린내나는 똥으로 채워놓고 있는 까닭은
아무리 역사가 흘러가 민주란 말로
간판을 바꿔서 달았을지라도
그런 조상의 육신 속에 내재했던
탐욕의 유전자들이
우리의 혈관을 통해 면면히 흐르고 있기 때문입니다.
그래서 유사 이래 국민의 감각은 마비된 채
음침하고 협소한
뇌옥의 틈바구니 속에서
할 말을 잃은 채 허덕이고 있는 것이려니
조국을 비춰주는 이 시대의 거울인
우리가 그들의 행위를 눈감아주고,
역사를 바로잡지 않는다면
우리도 역시 멍멍 짖어대는 개가 되어

결국은 모래 위에 세운 성처럼
바람이 부는대로 이리저리 흩어져버리다가
우리의 이름을 가진 조국은 세계지도에서
영원히 사라져버릴 것이기 때문입니다.

총과 칼

총기 사용은 불법이라고 사람들은
이구동성으로 입자랑을 합니다.
하지만 동서고금을 막론하고 그것을 강한 자가
남의 것을 뺏기 위해 사용을 하게 되면
정의와 평화란 무기로 둔갑을 하기 때문에
사람들은 언제나 평화를 위한다는 구실로
총이나 칼을 만들고
거기따라 한걸음 더 나가서
대포나 로케트도 함께
어깨동무를 하면서
독가스나 엄청난 생화학이나
핵무기같은 대량 학살무기를 만들어 가지고
사고 팔거나 잘 먹고, 잘 살기 위해
나라끼리 서로 싸움을 붙이면서
세상을 깡그리 불바다로 만들어 놓겠다고,
위협을 하면서
살상무기로 살인을 하고, 승리를 한 것에 대해
신의 은총이 임해서 승리를 했다고,
자화자찬을 하면서
종소리와 더불어 축포소리 요란하게 울리며
승리의 나팔을 불어대고 있습니다.
하지만 세상의 모든 만물은 가이아처럼
사육사가 없어도
자연의 이치에 따라
자기조절을 갖춘 하나의 거대한 생명체로서

대소미물에 이르기까지 만물을 이롭게 하는
능력을 지니고 있기 때문에
거미는 조각과를 나오지 않았을지라도
허공에다 비단그물을 잘도 짭니다.
누에는 뽕잎만 먹고도 명주실을 잘도 빼내며
물결은 길이 없어도 잘만 흘러가다가
앞이 막히면 서두르지 않고,
서서히 수위를 높여 둑을 넘어가고,
나무는 가꾸지 않아도 숲을 이루듯
때가 되면 말하지 않아도 계절에 따라
추위와 더위가 자리를 바꿔주는 바람에
만물이 소생하고 번성을 했다가 휴식을 취하듯이
인간도 역시 세월이 흘러감에 따라
생사를 바꿔가며 역사창조를 해나가는 것처럼
자신의 갈 길은 스스로 알아서 가는 것과 같이
오는 것 막지 않고,
가는 것 잡지 않고,
서로가 생명을 소중히 여기고,
한치의 오만도 없이
상대방의 인격을 존중하고,
내 스스로 일하며
굶주리지 않고, 먹고 살 수 있게끔
사람마다 본분을 지켜가며
상대방을 떠다미는 상극의 정신을 버리고,
상대방과 더불어 공존하는 상생의 길을 간다면

무기가 산더미처럼 쌓여있을지라도
쓸모가 없기 때문에
인위를 가하지 않더라도 자연적으로
지상의 평화가 이룩될 수 있는 것은
밝기가 불을 보듯이 뻔할 뻔자가 될진대
언제부터 남의 것을 뺏기 위한
전쟁이 평화로 둔갑을 했는지
이런 흉측한 무기를 만들어 가지고,
자신들의 말을 듣지 않으면 죽일테니까
알아서들 기라고 총칼로 위협을 하면서
수단과 방법을 가리지 않고,
서로 충돌하고, 싸우고, 죽이고, 부수고,
빼앗는 것을 평화라고 말하면서
살인의 희열을 즐기는 것은
마치도 불로서 불을 끄거나
피로서 상처를 치료하고,
바람으로 바람을 막고,
물로서 홍수를 막거나
똥을 똥으로 치우려고 하는 것처럼
무모하기 짝이 없는 짓이려니
정녕 그렇다면 평화로운 공존의 미덕은 어디다 감춰두고,
상대방을 고꾸라뜨리기 위해서는
수단과 방법을 가리지 않고,
발버둥치는 강도들의 칼부림 속에 무슨 평화가 있고,
인간의 존엄이 있다는 것인지

그야말로 등잔 밑이 어둡다는 말과 같이
인간들은 오늘도 평화를 눈 앞에 두고도
그것을 찾기 위해 무모한 전쟁을 벌이면서
피를 흘리고 있는 것입니다.

한량없이 몰아쳐오는

고해의 바다에서 반짝했다가
어디론가 속절없이 달려가는 인간들은
누구나를 막론하고,
죽음의 허무를 달래기 위해
천국이나 극락을 알려고,
헛그림자를 좇아다니며 허공을 헤매고 있습니다.
하지만 아무리 교묘하게 말을 꾸며댈지라도
허무는 결국 허무로 끝나게 되는 것이려니
모두가 다 부질없는 짓이라는 것입니다.
물론 거기를 알려면
거기를 가봐야 알겠지만
거기는 소멸이라는
장막 속으로 사라져간 영혼만이
비로소 알 수가 있는 곳이려니
태초 이래 거기를 간 사람치고,
다시 살아서 돌아온 영혼은 하나도 없나니
거기에 대한 비밀을 알아서
어디다 쓰시려고,
그토록 애타게 애걸복걸하면서
귀중한 인생을 헛되이 낭비하고 있는 것입니까?

국립묘지

당신은 혹시 프랑스 혁명 때 공이 크다고,
이름이 날 정도로
맹활약을 했기 때문에
위대한 지도자로 칭송을 받았던
밀라보라는 사람이 속으로는
자신의 사적인 명예를 위해
루이왕정과 타협을 했었다는 사실들이
뒤늦게 밝혀지는 바람에
그의 시체를 판테온에서 끌어내
살인자의 무덤으로 옮겨졌다는
이야기를 들으신 적이 있으십니까?
내가 비록 아는 것은 없을지라도
이런 말들을 오다가다 주워들었기 때문에
톡 까놓고, 한바탕 까고 넘어가려는 까닭이
바로 여기에 있다는 것입니다.
사실상 국립묘지란 곳은 누구나를 막론하고,
백일청천 아래 한점 부끄러움이 없을만큼
조국에 대한 절대적인 사랑과 헌신을 통해
고귀한 목숨을 초개와 같이 바치신
호국영령들이 잠들어 있어야 할
신성하고, 거룩한 장소란 것쯤은
동서고금 어느 나라를 막론하고,
일치된 견해로서 철모르는 어린애들이나
개나 소나 돼지나 말까지도
이미 다들 알고 있는 사실이기 때문입니다.

그런데 어찌된 탓인지 우리나라의 국립묘지에는
부관참시를 해도 시원치 않을만큼
백성을 착취하고, 매관매직으로 치부한 탐관오리나
민족을 팔아먹은 친일반역자들을 비롯한
권좌에 올라앉아 강대국이 뒤에서 시키는대로
국민의 자유와 인권을 짓밟고,
정권을 탈취한 반란의 수괴들이나
목을 내밀고, 정의의 칼날을 받아도 시원찮을
조국의 심장에 불을 지른 살인자들을
거룩한 국립묘지에다
함께 안장을 시켜주고, 그 앞에다 갖가지
미사여구를 동원해서 그 뜻을 기리는
공덕비를 세워주고, 추모를 하는 것은
애국에 대한 신성함을 훼손하는 일이기 때문입니다.
그러니까 솔직하게 말을 하건대
점령국의 충견노릇을 하면서
그들이 뒤에서 시키는대로
평화통일을 외치는 사람들을 빨갱이로 몰아서
집단학살을 자행했던
위정자는 당연히 웨링턴 국립묘지로 이장을 해야 하고,
일제의 식민지 치하에서
그 밑에서 온갖 특혜로 영화를 누렸던 졸개들과
그밖에도 우리를 영원한 종으로 만들기 위해
일제에 협력하기 위해 앞장서서 설치고 다녔던
기회주의자들은 프랑스의 경우처럼

이 땅에 다시는 민족반역자가 나오지 않게끔
모두 잡아다가 남자는 총살을 시키고,
여자는 삭발을 시킨 다음 발가벗긴 알몸으로
조리돌림을 시켰어야 했었거늘
파충류 같은 그들의 후손들은
어쩌면 그렇게도 낯짝이 뻔뻔스러운지
아직까지도 그 파렴치한 죄를 한치도 뉘우치지 못한 채
날벼락이나 쳐서 모두 부숴버려도 시원찮을
우상, 동상이나 선정비나 송덕비, 신도비를 비롯한
각종 영세불망비나 비각을 세워놓고,
살인자들에게 경배를 드리고 있나니
오! 발작적으로 일어나는 불치의 병을 앓고 있는
빈껍데기만 남은 한국의 국민정신이여!
제발 타오르는 불길처럼 분노하고, 하늘 끝까지 사무치는
음성으로 고래고래 소리를 치시면서
시대의 망국병을 고치는 역군이 되라는 것입니다.
옳지 못함에 대한 불의를 보고도 용서하는 마음으로
아량을 베풀어 주는 것은 뇌졸중에 걸려 죽은
시체나 다름이 없기 때문입니다.

허 위

세상의 역사는 겉으로는
그럴듯하게 보입니다.
하지만 세밀히 살펴보고,
검토를 해가면서 비교를 해보건대
진실을 말해주는 참모습은 가뭄에 콩나듯하고,
모두가 허위로 얼룩진 권모술수가 진실의 탈을 쓰고,
뒤를 졸졸 따라다니며 기승을 부리고 있다는 것입니다.
그러니까 솔직하게 말씀을 드리자면
사람이 살아가기 위해 숨을 쉬는 것과
의식주에 필요한 것들을 제외하고는
사람이 신으로 둔갑되어 있거나
역적이 애국자로
수 없이 많은 전쟁을 일으킨 살인자가 영웅으로
편협성과 잔혹성을 함께 갖춘
인류의 영원한 좀벌레들이
성자로 추앙을 받고 있는가 하면
선인을 악인으로 만들고,
악인을 선인으로 만드는 것은
이 보다 더 큰 죄악이 없을진대
오만으로 얼룩진 허울 좋은 우상들을
신비로운 거짓말로 신처럼 떠받들어 주면서
엉터리 이론으로 그럴듯하게
우리의 눈과 귀를 어지럽히며
위대함을 자처하는
세계의 역사는 모두가 하나같이

강자들이 자신들을 미화시키기 위해
제멋대로 꾸며놓은 가짜에 지나지 않기 때문에
나는 오늘도 허위로 얼룩진 더러운 개판의 역사에
침을 뱉으며 눈물을 흘리고 있습니다.

욕 심

가지고 싶으면 얼마든지
마음내키는 대로 가지십시오!
하지만 권력자들이나
종교인들처럼 자신들의 행복을 위해
남의 재물에 눈독을 들이며
교묘하게 사기를 치거나
도둑질하는 버릇만큼은 삼가해 주시고,
꿀벌이 꽃잎 속의 꿀을 빨듯이
개미들이 부지런히 일을 하듯이
구렁이가 토담집을 넘나드는 것처럼
열심히 일을 해서 돈을 벌으시라는 것입니다.
그것이 바로 인생을 참되게 살아가는
삶의 지혜가 되기 때문입니다.
하지만 사자나 돼지도 배가 차면 먹기를 그치는데
똥배가 아기를 밴 것처럼 불룩하게 튀어나와
삽겹살이 두둑이 끼어 있는
권력자나 부자나 종교인들은
탐욕에 눈이 어두운 나머지
스님이 고기맛을 보게 되면
벽에 빈대 한마리도 남기지 않고 잡아먹는 것처럼
눈에 뵈는 것이면 이것도 내것,
저것도 다 내것이라고 우기면서
세상 모두가 다 내것인양
눈알을 홀랑 까고,
더 긁어 모으지 못해 안달을 하다가

자신들이 쌓아놓은 탑이
신고산이 무너지듯이
와르르 무너져 내리는 바람에
거기에 깔려죽는 일들이
다반사처럼 일어나고 있는 것입니다.

천지만물은 밤과 낮을 가리지 않고

환희의 송가를 부르고 있습니다.
하지만 당신의 마음 속에는 탐욕으로 얼룩진
허위와 기만으로 가득차 있기 때문에
그것들이 던져주는 신선한 기쁨을
눈앞에 두고도 느끼지를 못하고 있습니다.
하지만 내가 비록 가난은 할지라도
이 아름답고, 신비로운 소리들을
귀로 듣거나 눈으로 보고,
코로 냄새를 맡으며
자연과 호흡하는 기술만큼은
남 못지 않게 고이 간직하고 있기 때문에
나의 온화한 얼굴에는
언제나 즐거운 미소가 피어나
상대방을 사랑으로 대하거나
칭찬의 말로 부드럽게 위로를 해주는 것이
버릇처럼 되고 말았습니다.

동물의 세계

동물들이 비록 인간들처럼 사고를 하거나
말로서 의사표시를 할 수 있는 지혜의 단계에까지
이르지는 못했을지라도
그들에게는 인간들보다도 더 나을 수 있는
순수한 본능을 간직하고 있다는 것입니다.
그들이 비록 대학에서 식물학이나
영양학이나 의학을 전공하지는 않았을지라도
양념을 치지 않고,
자연 그대로의 무공해 식품으로 맛을 즐기거나
독풀과 식풀을 가려서
적당히 먹고 싸는 혜안을
천부적으로 물려받았기 때문에
대소미물에 이르기까지 비만이 없는데다
고혈압이나 당뇨가 정상이라는 것과
더욱 놀라운 것은
사람들처럼 정신적인 고뇌가 따르지를 않기 때문에
신을 향해 자손만대에 걸쳐서 복을 받게 해달라고,
기도를 드리면서
죽어서도 천당이나 극락을 가게끔 해달라고,
눈물 콧물 흘리면서 비대발괄하는
어리석은 미신을 믿지 않는다는 것입니다.
특히 맹수들은 선인이나 악인이나 양반 상놈이나
빈부격차를 가리지 않고,
심지어 금관을 쓴 왕이나 독재자나 성인이나
그 대상이 비록 신이라 할지라도

사람의 탈을 쓰기만 하면
에누리없이 달려들어 통째로 잡아먹기는 해도
대개의 동물들은 동족끼리는 서로 잡아먹지 않는
의리를 지켜주고 있다는 것입니다.
하지만 사람들은 법이란 그물로 굴레를 씌워
자유를 속박하고, 도둑질하는 포악함이
더욱 심화하여 길길이 날뛰면서
탐관오리의 가렴주구나 기근을 비롯한
홍수나 가뭄으로 인한 역병이나 난리가 나거나
혹은 종교적인 이유로 서로가 서로를 잡아먹는 사막 개구리처럼
모골이 송연할 정도로 살인축제를 벌이면서
이인식인을 하기 때문에
춘추시대 노나라 사람인
공자란 사람까지도 인육으로 만든 회를
즐겨 먹었으며 이것이 없으면 식사를 하지 않았다는
이야기가 전해오기도 하거니와
서양에서는 15일동안 굶주렸을 때는
사람을 잡아먹어도 괜찮다는 것을
법으로 정해놓기도 했었다는 것과
그밖에도 사람은 성교를 할 때도 인물이나 돈이나
부귀와 명예 따위에 눈독을 들이면서
탐욕으로 얼룩진 가문을 따지거나
혹은 좀 더 수명을 연장하기 위해
자연을 파괴하고, 살생을 하면서
세상을 온통 감옥으로 만들어놓고 있습니다.

하지만 동물들은 그런 거추장스럽고,
불필요한 것들에는 구애를 받지 않고,
자유스런 삶을 만끽하면서
단지 씨를 퍼뜨리는 것으로
기꺼이 만족을 하면서
누가 더 잘났는지 겨루거나 평가를 하지 않고,
서로가 사이좋게 지내면서
환경이 허락하는 한도 내에서
배가 고프면 풀을 뜯어먹고,
목이 마르면 물을 마시고,
신이 나면 암수가 서로 머리를 맞대고 비벼대다가도
화가 나면 서로 몸싸움을 벌이면서
장난을 치기도 합니다.
그리고 아무리 사나운 짐승일지라도
수컷은 암컷의 뒤를 졸졸 따라다니며
사랑을 달라고, 애들처럼 칭얼거리게 되면
암컷은 필요가 없다고 배짱을 부리며
살살 꼬리를 쳐가며 도망가는 척을 해가면서
약을 올리는 것과
배가 고파야만 초원을 무대로 먹을 것을 찾고,
구할뿐이지 인간들처럼 자자손손 대대로 물려주기 위해
백성들의 재산을 착취해서
고대광실에다 재물을 축적하는
개망나니 짓을 하지를 않고,
자연 그대로의 참모습을 간직한 채 살아가는 까닭은

본래 어미 뱃속에서부터 받아가지고 나온
털로 짠 가죽점퍼나 스웨터를 의복으로 삼고,
잠자리마저도 동굴이나
숲 속에다 보금자리를 마련하고,
죽을 때가 되면 자신들이 생전에
삶을 누리기 위해
이파리를 따먹었던 나무 밑으로 가서
나무들의 밑거름이 되게 함으로써
자신들이 살아생전에 신세를 졌던
은혜를 갚아주는 것을 보노라면
그들이 비록 대학에서 철학이나
종교학을 비롯한 성인의 가르침을 배우지 않았음에도
오히려 사람들보다도 더
자연을 사랑하고,
하늘과 땅도 사랑을 하면서
빈손으로 왔다가 빈손으로 가는
자연의 섭리를 알고 있는
본능이 강하다고 하겠으니
이 얼마나 아름답고, 고상한 죽음이 아니겠습니까?
그러니 우리네 인생도 어디로부터 와서
어디로 가는 것인지
바보같이 쓸데 없는 질문을 하지 말고,
우리도 이들처럼 삶에서의 빚을 갚기 위해
죽어서 흙이 되고,
공기가 되고, 물이 되고,

불이 되고, 대지의 거름이 되게끔
우리의 몸뚱이를 대자연에 되돌려 주는 것을
서럽다고 생각해서는 안된다는 것입니다.
하지만 인간들은 삶과 죽음에 대한
자연의 섭리를 망각한 채 오늘도 끊임없이
천년 장수를 누리기 위해
남의 것에 눈독을 들이면서
주워모으기에만 광분을 하면서
죽어서도 천당이나 극락을 가기 위해
허공을 향해 울부짖고 있습니다.

실지로 따지고 보면

우리의 역사는
앞의 개가 달을 보고 짖어대면
온동네의 개들이 모여들어 왜 그렇게 짖어대는지
그 뜻을 제대로 알지도 못하면서
덩달아 짖어대는 바보들의 역사나
다름이 없다는 것입니다.
그러니까 자신들이 처해진 시대의 환경에 따라
전해오는 풍속을 형성하고,
마음과 마음이 합치되어
자신들이 좋아하는 방식으로
노래를 하게 되면 신명이 나서
어깨를 들썩거리며 흥겹게 춤을 추는 것처럼
부족한 것은 문지르고, 세탁하여 갈고 닦으면서
자신들의 고유한 삶의 방식을 즐기면서 생긴대로 놀게 되면
그것이 바로 문화창조의 밑거름이 되게 마련이거늘
자기 것은 못났다고 조롱하고, 물어뜯고, 찢어발기고,
남의 문화를 따다가 제것처럼 그대로 흉내를 내는 것은
마치도 뱁새가 황새를 좇아가다가
가랑이가 찢어지는 것과 같이
그 뒤를 따라오는 아이들에게 마저도
창조성의 상실을 가져오게 되어
한치 앞을 내다보지 못하는 병신으로
만들어버리는 것이나 다름이 없기 때문입니다.

사람들은 흔히

신의 말씀에 무조건 따라야만 복도 많이 받고,
죽어서도 구원을 받아 천당에 가서
영원한 삶을 누리게 된다고 말들을 합니다.
하지만 그것은 환상에 눈이 먼 나머지
어리석은 말장난에 지나지 않는다고,
되받아치는 버릇이 나의 몸에 배이고 말았습니다.
왜냐하면 신이란 단어는 인류가 지상에 출현한 이래로
강자들이 약자들의 재물을 강탈하기 위해
만들어 놓은 허공 속의 허망한 존재이기 때문입니다
하지만 텅빈 허무를 향해 진상하는
위선자들은 민중들 위에 군림하여
자신들이 마치도 신적 사명의 완성자를 자처하며
천국이니, 극락이니, 뭐니 하고,
지옥의 불로 겁을 주면서 절이나 교회를 만들어 가지고,
이문에 눈이 어두워 사고 팔기도 하면서
거기에 대한 세금은 한푼도 내지를 않습니다.
하지만 교묘한 방법으로 국민의 눈을 속이고,
해를 끼치는 방법으로 성취를 했다면
그것도 역시 인류의 역사 앞에 죄를 짓는 것이나
다름이 없는 것이려니
나는 백번을 죽어서 지옥불에 던져지는 한이 있을지라도
허무로서 허무를 달래주는
기만된 천국이나 극락의 허풍에 감사하지 않으렵니다.

선 각 자

무릇 세간에서 말하는 선각자란 무엇보다도
보통 사람들에 비해
먼저 깨달음의 세계에 도달을 함으로써
자신들이 처한 시대의 변화에 따라
조국의 앞날이 외세의 침입으로 인해
풍전등화와도 같이 깜빡거릴 때
국민을 도탄에서 건져내는
그런 구국의 길잡이가 되어야 한다는 것입니다.
하지만 우리나라의 선각자를 자처하는 자들은
어찌된 탓인지 달 보고 짖어대는 똥친 막대기들이
국민의 배고픈 현실을 외면하고,
큰나라를 등에 업고 들어와
식민지가 되게 해달라고,
구걸한 민족의 죄인이요,
제 나라에 쳐들어온 적을 자신들이 막아내지 못하고,
남의 도움으로 해방된 주제에
민족의 태양이나 국부를 운운하는 것은
마치도 호랑이 위세를 빌린 여우가 앞에서 똥폼을 잡는 것과 같이
나라를 갈라놓고, 동족을 살해한
일본이나 미국의 주구들이나
남을 흉내내는 저질의 예술가
성공을 누리는 투기꾼
친일파가 친일파를 몰아내고,
국민의 자유와 인권을 짓밟고,
궁정동 안가에서 계집을 끼고 놀다가

부하의 총탄에 맞아 죽은 살인자
대중의 유혹자, 민족의식의 파괴자
외래의 학문을 베껴다가 자기 것처럼
흉내를 내는 사대사상의 노예가 된
저급한 문화의 비렁뱅이들이나
제 나라 역사도 제대로 모르는
정신적 사생아들을 비롯하여
이미 중세기 시대의 기독교인들이
먹다가 쓰레기통에다 던져버린
관념의 찌꺼기들이
마치도 하늘에서 내린 것처럼
한국이 잘못을 했기 때문에
하느님께서 내리신 벌이라고,
일제에 대한 영원한 식민지 지배를 합리화시킨
포교사들의 논리에 압도당한
저질의 친일파 매국노들이
정권이 갈릴 때마다 민중의 고혈을 짜다가
미국이나 서구로 빼돌려 가지고,
호의호식을 하고 있는
역사의 쓰레기들이 도둑질을 해다가
뒤로 다 싹 감춰놓은 주제에 자신들이 마치도
한시대를 풍미했던 걸출한 선각자나
영웅으로 자처하는 민족의 영원한 숙적들이
역사의 무대에 등장하여
전국 방방곡곡에 동상, 흉상같은

거적대기들이 날이 가면 갈수록
하늘 높은 줄도 모르고,
우후죽순처럼 솟아나고 있노니
이야말로 소나 돼지나 개가 들어도
웃기고도 남을만한 불길한 악덕들이
우리들의 가슴 속에서
길이길이 지워지지 않을만큼
여러 세대를 거치면서
세월의 흐름에 깨끗이 씻겨나가는 바람에
진실처럼 부풀려지고, 윤색되어 왔기 때문에
그들에 대한 비난과 정당화
증오와 이해 저주와 용서 등
치우침이 없는 설명들이 씨름을 하면서
비꼬는 말들이 풍선처럼 둥둥 떠다니며
수다를 떨어댈지라도
이유야 어찌되었든 하늘의 뜻을 거역하고,
나라를 큰나라에 내주고,
그들의 발 밑에 엎드려
권력을 잡게 해달라고,
비대발괄을 하면서
한국의 역사가 발전을 하는데
지대한 악덕을 끼친 나머지
혀를 깨물고, 자살을 해도
시원치 않을 말도 많고, 탈도 많은
조국의 심장에 칼을 꽂은 희대의 영원한 사기꾼들을

인류문화에 위대한 업적을 남긴 천재들과
비교를 한다는 것은
우리들의 얼굴에 똥칠을 하는 것이려니
우리가 존중하고, 받들어 주어야 할 사람은
허무맹랑한 이론으로 인간의 눈과 귀를 어지럽히고,
권력과 폭력으로 인간의 양심과 정의를 유린하고,
노예화하거나 민중의 재산을 털어먹는 권력자나 스님이나
목사들이 아니고, 과학적 진리로 인간의 삶을
사람답게 만들어주는 그런 구국의 길을 제시해주는
사람이어야 하거늘 음침한 흉계로
이름을 떨쳤던 민족의 영원한 쓰레기들을
하늘이 내린 선각자라고,
추켜세우는 더러운 족적을 남긴 사람들을
앞뒤를 재보지도 않고, 모두가 다 위대하다고,
여기는 희한한 논리는
마치도 미꾸라지가 물을 흐려놓는 것처럼
민족의 앞날에 해독이 될뿐
새 시대를 열어갈 수가 없는 것이려니
옥수수가 뻥튀기 속에서 한참 열을 받다가
더 이상 견디지를 못한 채
펑하고 터지는 순간 강냉이가 되어 나오듯이
환골탈퇴하는 그런 혁명을 해야 된다는 것입니다.

세계의 평화로 직결되는 한반도의 평화

이 얼마나 아름답고, 고상한 말입니까?
하지만 그럴듯하게 떠벌리는 6자 회담이란
우리를 위해서 하는 것이 아니고,
실지로는 굴러온 돌이 박힌 돌을 빼내기 위한 수작으로
어떻게 하면 우리 땅을 적절하게
배분해서 종의 나라로 만들어 가지고,
영원히 자신들의 발 아래 엎드려
머리를 조아릴 수 있게끔 계략을 꾸미는
도박꾼들이 군침을 흘리며 달려드는
이전투구나 다름이 없을진대
이 나라의 국민된 자라면
어찌 가슴의 아픔과 근심 걱정이
가득찬 마음으로 바라다보지 않을 수가 있겠습니까?
그래서 나는 오늘도 끊임없이
우리의 육신을 앗아가기 위해 도깨비 바람을 몰고 오는
저 떼강도들의 끊임없는 음흉한 야욕 속에서
가시밭길과도 같이 쓰라린 형극의 길을 가고 있는
남북한 동포에게 우리는 더 이상
믿는 도끼에 발등을 찍히는 꼴이 되어서는 안된다고,
단호하게 경고를 하는 바입니다.
왜냐하면 우리가 또다시 그들과 협상을 해서
민족의 존망을 좌우하는 운명을 그들에게 맡기는 것은
마치도 말이 사람과 조약을 맺는 것처럼
노예의 진단서에 사인을 하고, 좋아서 날뛰는 것이나
다름이 없기 때문입니다.

우리가 잃기 전에는 그것에 대한 소중함을 모릅니다.
잃고 나서야 비로소 소중함을 알기는 합니다.
하지만 그것은 이미 엎질러진 물이며
소 잃고 외양간 고치는 격으로
한번 쏜 화살은 되돌아 오지 않는 것처럼
두번의 인생이란 있을 수 없나니
비록 낙제를 해서
조금 늦게 목적지에 도달할지라도
그들의 기만술수에 넘어가는
어리석음을 범해서는 안된다는 것입니다.
우리가 또다시 그들에게 속게 되어
단 하나밖에 없는 목숨과 재산과 땅과 숲과
강을 뺏기게 되는 날에는
우리는 산 채로 무덤에 갇히는 신세가 되어
지구상에서 다시는 우리의 이름을 부르면서
슬퍼할 사람은 단 한명도 없기 때문에
우리의 영혼은 다만 허공에 떠도는 구름이 되어
잃어버린 산하에 눈물을 뿌리면서
허무의 글씨를 쓰게 될 뿐입니다.

귀동냥

귀동냥이란 인류가 세상에 출현한 이후
동서고금 어디나를 막론하고,
흔히 속물근성을 가진 자들의 전유물로서
자신들이 스스로 연구한 학문의 업적에 따라
얻어진 독창적인 산물이 아니고,
어디서 오다 가다 주워들은 말을 가지고,
자신들이 지어놓은 것처럼
똑똑한 체 하는 것을 말합니다.
지상에 존재하는 모든 귀동냥의 근원이
이와 같다고 할 수가 있을진대
이런 자들로 말하면 퇴계나 율곡을 비롯한
조선시대의 사대부들은
주자의 학설을 귀동냥해다가
앵무새처럼 짹짹거림으로써
선각자란 명예의 관을 썼던 것과
그 뒤를 이어 청나라의 선진문물을 흉내내자는 것을
실사구시나 목민이란 말로 묘하게 꾸며서
백성의 귀를 솔깃하게 만들어 놓았던 실학파를 비롯한
그밖에도 한말의 근대사상가라고 자부했던 자들은
서구나 왜놈들이 우리를 종으로 만들기 위한
종속이론에 도취된 나머지
달 보고 짖어대는 개처럼
선각자를 자처했고,
오늘날의 교수들은 남의 지적인 재산을 훔쳐다가
자신들의 독창적인 학문처럼 흉내를 내면서

학생들을 가르치고 있는 것이려니
이런 자들의 공통점은
아느니 모르느니 하고,
아웅다웅을 하다가도
자신들의 뜻에 맞지를 않으면
개처럼 으르렁거리며 짖어대는 심사가 일어나
나중에는 기어이 눈을 부릅뜨고,
시기를 하는 것이 마치도 연못의 파초와도 같이
무성하게 자라나 서로 물고 뜯는 개가 되어
한 하늘을 이고서는
도저히 살 수 없는 영원한 숙적이 되었던 터라
급기야는 사색당쟁의 씨가 되더니
결국은 나라가 망하였고,
오늘날까지도 그런 버릇을 개 주지 못한 채
국민의 눈과 귀를 어지럽히며
그럴듯하게 사기를 치고 있는 것입니다.

가난한 생활에

타고난 운명이 너무도 각박하여
끼니를 제대로 때우지 못한 탓인지
눈이 어지럽고, 가슴이 찢어지도록
배가 고파 환장한 나머지
주린 배를 채우려고 발악을 하다 보니
혹가다 아는 사람이라도 만나게 될라치면
밥을 좀 사달라고 사정을 한 것은 아니었으나
괜히 아부 비슷하게
고개가 저절로 숙여지고,
몸이 자꾸만 굽신거려 지는 것이
원래 타고난 본성은 아닐지라도
아무래도 먹고 살기에 버릇이 되었나
육신의 탈을 쓴 내 영혼이 깊이를 모르는
세상의 풍파에 시달리다 못해
슬픔과 고통의 원인이 되는
가난의 뿌리를 뽑아달라고,
쏟아지는 눈물을 주먹으로 닦으면서
죄 없는 하늘을 향해 노려는 보지만
텅빈 저 허공 속에 그 누가 있길래
굶주림에 지친 나의 배를 채워줄 수 있으리오.
원컨대 신은 사사로운 탐욕을 미워하고,
늘 배고픈 사람들과 함께 한다고,
귀가 따갑도록 들어왔거늘
어찌된 탓인지 나라의 재산을 강탈하고,
국민을 괴롭히며 잔인하게 억압하는 자들이나

신도들을 상대로 거짓말을 하는 종교인들은
아무런 거리낌도 없이
부귀영화를 누리며 살아가고 있거늘
연약한 국민은 거꾸로 억압을 당하고 있나니
이다지도 배고프고, 춥고, 어둡고,
쓸쓸한 험난한 삶의 세계로
어쩌다가 돌입하게 되었는지
깊이를 모르는 인생이란 감옥 속에 갇혀서 허덕일 것을
어머니 태아에서 미리 알았더라면
차라리 세상에 나오지 말고,
원래 있던 자리로 되돌아 갔어야 했었는데
하늘은 다만 찢어지게 시장한
나의 배에다 꼬르륵 소리로 대변해 줄뿐
아무런 말이 없나니
오! 내 인생 참으로 후회가 막심할 뿐이어라!

당신을 향한 우리의 영혼은 지치고 피곤합니다

당신의 다정한 꾸지람 소리가 들려와도
우리는 당신의 뜻을 따를 수가 없습니다.
왜냐하면 당신의 시간은 영원하지만
인생은 너무도 짧기 때문입니다.
보시는 바와 같이 우리를 길러준 조국은
아직도 잠에서 깨어나지 못한 채
그 숱한 모멸 속에서 피눈물을 흘리고 있지를 않습니까
하지만 당신은 항상 당신의 제단에다 재물을 차려놓고,
빌어야만 복도 많이 받고,
죽어서도 극락이나 천당을 간다고,
입버릇처럼 말을 하고 있기 때문에
어리석은 사람들은 당신의 달콤한 말씀에 녹아들어
그것이 마치도 부의 근원인 것처럼
착각을 하면서
손가락 하나 까딱하지 않고서도
불로소득을 누리는 것을
꽤나 큰 영광으로 알고 있기 때문에
날이 가면 갈수록 길바닥에다
똥을 싸대는 개들이 늘어나고 있는 것입니다.

걸 레

정성을 다해서 국민을 섬겨도 시원치 않을 판국에
발길이 닿는 곳마다
명예와 권력은 탐욕을 낳고,
학문이나 종교, 지식은 경쟁을 하기 위해
써먹는 무기가 되어 정의와 정직을 비롯한
인간의 양심이란 설 자리를 잃은 채
들려오는 소리는 언제나 자신의 이익이나
감투를 쓰기 위해 아첨하는 말이요
유명무실한 단체를 만들어
하지도 않은 애국을
가짜로 둔갑시켜가지고,
제사를 지내주기 위해
사람들에게 기부금을 뜯어내는 얌체같은 행위는
누더기 같은 옷을 입고, 사기를 치는
사람이 분명할 터인즉
권력과 종교와 부자가 삼위일체가 되어
눈앞의 현실적 이해타산에 집착하여
해먹을 궁리에만 몰두한 나머지
허위를 숭상하고, 큰소리를 치는 것은
망국에 대한 서막을 알리는 신호탄이나
다름이 없다는 것입니다.

빗속의 추억

비가 옵니다.
나뭇잎을 간지럽히듯이
비가 오는 날이면 그녀와 함께 비를 맞으며 거닐었던
저 첫사랑의 추억이 아련하게 떠오릅니다.
하지만 이제 다시는 되돌려 받을 수 없는
영원히 가버린 환영의 그림자 되고 말았으니
참으로 안타까운 마음을 지울 길이 없습니다.
하지만 또 다시 비가 오는 날이면
아름다웠던 옛정이 그리운 나머지
마치도 짝을 잃고, 헤매는 외기러기와도 같이
내 가슴은 언제나 설레이고, 설레이며
잊으려고, 애를 쓰면 쓸수록
강물 따라 흘러가는 물결소리처럼
내 마음은 언제나 빗속을 헤매이고 있습니다.

거짓말

태초 이래 동서고금 어디나를 막론하고,
이 세상 도처에는 겉으로 보기엔 사실처럼 보이는
뻔뻔스런 온갖 협잡이나 조작으로 얼룩진
고귀한 허풍들이 질풍노도처럼 떠돌아다니면서
인간의 순수한 영혼에 먹칠을 가하고 있다는 것입니다.
그러니까 우리의 역사에서도 보는 바와 같이
백제가 망할 때 의자왕의 3천 궁녀가
낙화암에서 몸을 날려 강물에 빠져 죽었다거나
세종 때 이종무가 왜구들을 정벌하기 위해
대마도로 쳐들어 갔다가 쪽도 못쓰고,
온 주제에 그들을 벌벌 떨게 만들었다는 것과
율곡이 십만양병설을 주장했다는 것을 비롯하여
군인들에게 월급으로 주는 쌀에다 모래나 돌이나
지푸라기 같은 불순물들을 섞어주는 바람에
임오군란을 일으킨 동기가 되었던 민겸호의 아들인
민영환은 알짜배기 탐관오리로
뇌물수수 매관매직에 앞장서서 재산을 축적했던 자로서
한일합병으로 인해 그런 짓을 할 길이 막히자
자살을 했던 것인데 그가 죽은 자리에서 혈죽이 솟아났다고,
충신으로 둔갑시켜 역사조작을 했다는 것과
청산리 전투가 여실히 허구가 드러난 것처럼
임진왜란 때 조국을 사수하기 위해
싸워주신 이순신 장군의 은덕에 감사를 드리오는 바이나
거북선 머리에 달린 철갑으로 된 잠수함을 만들어
왜놈들의 배를 수장시켜 나라를 구했다는 것과

스나이크 박이 서독 방문 때 교포들과 만난 자리에서
육영수와 함께 엉엉 울었다는 거짓을 비롯하여
독일 땅에 도착한 간호사들 모두가 알코올을 묻힌
거즈로 죽은 사람의 시체를 닦는 일만 했다는 것이나
독일 정부가 한국 광부들과 간호사들의 월급을 담보로
차관을 줬다는 것과
그밖에도 어느 민족을 막론하고,
나름대로의 이상세계를 가지고 있기는 할지라도
혼란한 시대의 아픔을 틈타서 일어나는
풍수지리설이나 도참설을 비롯한 정감록 같은
각종 사기성 주역이나 정략적인 예언들을 통해서 보는 바와 같이
세상의 모든 빛이 한국을 향해 비추고 있기 때문에
후천개벽시대에는 세계의 중심이 된다는 망상에 취한 나머지
자신들이 처해 있는 환경을 개선하지 않고,
그냥 맹목적으로 게으름이나 부리면서
하늘에서 돈벼락이 떨어지기를 바라는 것은
시대의 망국병이라는 것과
그밖에도 지배층들은 민중들을 적절히 이용해 먹기 위해
선민사상이나 천손 따위를 만들어 가지고,
겁을 주면서 착취를 하고, 있다는 것과
인간이란 동물들이 살고 있는 곳에는
어느 곳을 막론하고, 인종과 국경을 초월하여
이미 태고 적부터 에덴동산이나
극락과 천국을 비롯한 무릉도원이나
적멸보궁을 만들기도 했다는 것입니다.

하지만 그 중에서도 인류 최대의 백만불짜리
거짓말로 꼽아줄 수가 있는 것은
하느님이 남자의 갈비뼈에서 하나를 빼내어
여자를 만들었기 때문에 남자가 여자보다
갈비뼈 하나가 적다는 것인데
정작 세어 보니까 남자나 여자나 모두 12개라는 것과
예수는 성령으로 잉태를 했기 때문에
신의 아들로서 인간을 구원하기 위해
죽은 자 가운데서 다시 살아나
하늘로 올라갔다가 2천년 후에 다시 내려와
세상과 무슨 불구대천의 원한을 그리도 졌기에
세상을 송두리째 멸망시킨 후
죽은 자 가운데서 자기패들만 다시 살려가지고,
그들을 데리고 하늘나라로 올라간다고,
예언을 했다는 것이니
참으로 배가 터지도록 웃기고도 남는 일이 아닐 수가 없습니다.
그리고 또 어떤 자는 신과 인간의 중재자라도 되는양
천재지변을 묘하게 이용하여
세상의 멸망이니 뭐니 하면서
하늘이 노해서 천지개벽을 하게 되는 날이면
세상의 종말이 올 것이니
하루 속히 회개를 하라고 겁을 주기도 하면서
돈을 뜯어내기도 합니다.
하지만 시대의 아픔을 틈타서 일어나는 이런 거짓말들은
모두가 하나 같이 귀에 걸면 귀걸이요,

코에 걸면 코걸이 식으로
유사 이래 인류가 멸망한 적은
단 한번도 맞은 적이 없기 때문에
이들의 예언이
어디까지가 가짜이고, 어디까지가 진짜인지
파고들면 들수록 참다운 삶에 먹칠을 가할뿐
예언에 얼이 빠진 바보가 되어
오늘도 끄떡없이
가짜를 진실처럼 믿고 살아가면서
여기에 다시 거짓말을 더 포함해서
눈덩이처럼 부풀리고 과장시켜
대를 물려가며 전해주고 있기 때문에
사람들은 너 나 없이 기만된 선민사상에 얼이 빠진 나머지
천년 전에도 속았고, 백년 전에도 속았으며
어제도 오늘도 참된 말들이
해묵은 헛소리들에 가리운 채
쉴 새 없이 끈질기게 따라다니며
겁을 주고 있기 때문에
우리들은 진실과 거짓 사이에서
기만된 예언의 치욕과 함께
시대적 상황에 따른
현실감각을 상실하고,
손톱 하나 까딱하지 않은 채
감나무 밑에 누워서
감이 저절로 떨어지기를 바라는

천치나 바보를 비롯한 어리석기 짝이 없는
여러 종류의 멍텅구리가 되어
기만의 구렁텅이 속에서 헤어나지를 못한 채
오늘도 끊임없이 가짜를 붙이고 다니면
진짜처럼 여겨지는 죽은 단어들이
둥둥 떠돌아다니면서
하늘의 찬란한 영광처럼 개판을 치면서
속고, 속이는 인간의 역사가 계속되고 있기 때문에
동서고금 어느 민족을 막론하고,
날조된 허구 속에서 방황하는 인간들에게 되돌아 오는 것은
자비스런 신의 은총이 아니고,
거짓된 빛깔을 띤 물건으로 된 우상만이 남아서
빈 항아리를 두들기면 소리가 나는 것과 마찬가지로
우리의 정신은 혼돈 속에서
갈 길을 잃은 채 스스로 멸해가고 있는 것입니다.

가 문

우리들의 통념은 왕족이나 양반이나
노동자의 임금을 착취한 재벌이나
지주나 나라의 재산을 강탈하여
해외로 빼돌려 호의호식하고 있는 관료들이나
도둑의 기만된 허풍으로
살아가는 목사들의 가문이나
권력과 돈으로 병역의 의무를 비껴간
정치인과 관료들 집안으로 시집가고,
장가가는 것을 가장 큰
영광으로 생각하고 있습니다.
그런 자들은 흔히 자신들의 가계를 신성시 하기 위해
하늘이 내린 천손이라고 떠벌여대면서
옛날의 유명한 왕족이나 양반들을 시조로 간주하거나
때로는 장군의 가문이라고,
사기족보를 만들기도 하거니와
심지어는 중국의 기자나 공자나 주자를 비롯한
기씨, 한씨, 선우씨, 제갈씨, 소씨, 견씨, 유씨, 맹씨, 사씨, 이씨들은
양반행세를 하면서 천, 방, 지, 추, 마, 골, 피씨들을 향해
상놈의 씨라고 깔보는 것과
그밖에도 별의 별 개떡같은 씨들이 양반행세를 하면서
힘 없고, 가난한 사람들을 향해 비웃음을 칩니다.
그래서 대한민국 사람들은 대개가
집집마다 상갓집 개처럼 떠돌아다니면서
각설이 타령을 연주하는 거지라 할지라도
내가 이래 봬도 조상만큼은 왕이나 양반의 자손이니까

까불지 말라고 자랑을 하면서 핏대를 올립니다.
왜냐하면 상놈들은 모두다 난리가 일어날 때마다
총알받이가 됐거나 기근으로 인해 먹지 못해 환장한 나머지
한강물에 빠져서 자살을 했기 때문입니다.
그들이 이런 식으로 양심을 무시한
가문의 거짓 족보에 매달려 울고 불고,
난리를 쳐대는 까닭은
자자손손 대대로 손톱 하나 까딱하지 않고서도
도둑의 영원한 사치와 허영을 우상처럼 받들어 주면서
큰소리를 치고싶은 탐욕의 물결이
밀려오는 파도처럼 넘실거리고 있기 때문입니다.

오! 창조주여!

파도소리 사납게 울부짖는
불모의 나라에서
허덕이는 미천한 인간들의
앞뒤가 꽉막힌 어리석음을
당신의 힘찬 의지로
생명의 근원이 흘러내리는 시냇물 소리에
귀를 기울이게 하여 주십시오.
인간들은 지금도 가증과 원망이 뒤섞인
갈등과 반목의 요새에서
서로 잡아먹지 못해 환장한 나머지
잔인한 싸움질로 귀중한 시간을 낭비하고 있습니다.
때로는 성질이 나면 참지를 못하고 짜증을 냅니다.
더러는 갖가지 욕설을 무더기로 퍼부으며
술수에 능한 자들은 당신의 나라가 왔다고,
은밀한 그물을 쳐놓고,
사람들의 재물을 갈취하기에 혈안이 되어 있사오니
오! 당신의 슬기로운 능력으로 지상의 낙원에
먹칠을 가한 자들을 싸그리 쓸어다가
쓰레기통에다 던져버리고,
우리들 모두가 감미롭게 울려 퍼지는
새들의 노랫소리처럼 환희에 찬 기쁨을
맛볼 수 있는 그런 평화스런 시대가 오게끔 해달라는 것입니다.

복이란

복! 복이란 과연 무엇인가?
복은 하늘에서 저절로 떨어지는 것이 아니고,
스스로 만들어 나가는 것입니다.
하지만 세상 사람들은
가난은 가장 큰 재앙이고,
부귀야말로 최고의 복이라고,
입버릇처럼 말하면서
스님이나 목사나 사기꾼이나
욕심 많은 권력자들이
음란한 계집이 재물을 탐하고,
색을 좋아하듯이
음식의 노예가 되어
홍청망청 배가 터지도록 먹어가며
맛 좋은 술안주로 유흥삼매를 즐기면서
배부름에 취한 나머지 껄껄대고 웃어대며
님도 보고 뽕을 따기 위해
화려한 옷으로 치장을하고,
귀에는 황금귀걸이나
코에는 다이아몬드가 달린 코걸이로
장식한 예쁜 미녀를 껴안고,
이마에다 내천 자를 그려가며
살냄새를 원없이 실컷 맡으면서 잠을 푹 자고 일어나
무소불위로 권력을 휘두르며
자신의 행복을 끊임없이 추구하기 위해
남의 재물을 강탈해다가

창고에다 무진장 쌓아두고,
손가락 하나 까딱하지 않고서도
추잡한 쾌락을 즐기면서
빈곤한 자들을 업신여기는
꿩 먹고, 알 먹는 무시병 환자들을
하늘이 내려주신 천하에 없는
복중의 복이라고 말들을 합니다.
그래서 사람들은 너도 나도 복을 많이 받기 위해
불같은 욕망을 제어하지 못한 채
손도 안대고, 코를 푸는 격으로
공짜로 들어오는 재물에 눈이 어두워
신선놀음에 도끼자루 빠지는 줄도 모르고,
사악하고, 무도한 짓을 거리낌없이 행하다가
하루 아침에 낙동강의 오리알 신세가 되어
천하의 웃음거리가 되기도 합니다.
왜냐하면 그것은 자신들이 노력해서 얻어낸
결과의 열매가 아니고,
쓰라는 손가락은 하나도 까딱하지 않은 채
땅 짚고, 헤엄치기 식으로
백성들의 숨져가는 듯한
원성 속에서 빼어낸 피눈물나는
고통의 산물이기 때문입니다.
물론 남의 사정도 좀 봐줘가면서
적당히 먹고, 싸고, 그칠 줄 아는 것은
개나 돼지나 소도 아는 것이련만

뭐든지 지나치면 탈이나게 마련인 것이려니
어떤 자는 공짜맛에 취한 나머지 너무 많이 먹어서
피둥피둥 살이 쪄서 숨소리마저 큰데다
제대로 걷지를 못하고,
설사를 하거나 목구멍에 걸려서 토하기도 하고,
성욕을 돋구기 위해 사슴피를 마시거나
곰쓸개즙을 마시고,
급살을 하는 것을 볼라치면
복이란 결코 큰 돈을 벌고,
크게 출세를 하거나
스님이나 목사들처럼
가만히 앉아 있어도 저절로 굴러오는 것이 아니고,
작은 것을 가지고도 만족한 줄을 알면서
부지런히 일한 노동의 대가로서
자신이 노력해서 얻은 것 이외는
남의 것은 티끌 하나 건드리지 않는 마음으로
하루 세끼 밥을 굶지 않고,
아무 탈 없이 먹으면서 양심대로 살다가
죽음의 문턱에 섰을 때는
깨끗한 마음으로 저 세상으로 가는 것이
바로 천하에 없는 복 중의 복이 되는 것이려니
국민들의 피눈물나는 재산을 뺏어다가
곡간에 쌓아두고, 자손대대로 물려주는
도둑들의 사치를 가지고,
어찌 복 중의 복이라고 말할 수가 있겠습니까?

종 착 역

하늘은 높고, 말이 살찐다는 가을날
어디선가 들국화의 그윽한 향기가
부드럽게 불어오는 바람을 타고,
몰려오는가 했더니
이내 코끝을 스치고 지나가면서
길 옆의 꽃잎을 살짝 떨어뜨리고,
달아나는 가운데
마른 단풍잎들은 가을 찬바람에 불려
하염없이 떨어져 내리는 사잇길을 따라서
한 나그네가 가을의 황혼을 듬뿍 쓸어안고,
고해의 여정을 가고 있는 모습이
참으로 피곤해 보입니다.
모진 비바람과 눈보라에 시달려 가면서도
난세의 밖을 떠돌아다니기를 어언 반세기
때로는 가는 곳마다에서 푸대접을 받으며
쓰디쓴 영약을 맛보았고,
속세의 덧없는 유혹에
짓누르는 가슴이 타기도 했었지오.
하지만 안일한 생활은 무의미하고,
굴욕적인 것이기에
오늘도 부지런한 태양이 눈부신 영광을 위해
세상에 빛을 뿌리며 달려가듯이
갈 길은 멀고도 험하지만
할지라도 오늘도 쉬지 않고
바람이 불면 부는대로

저 하늘에 흘러가는 구름따라
정처없이 방랑길을 가고 있는 것입니다.

〈1978년 10월의 어느날 멕시코와 미국의 국경선에서〉

한국의 기상나팔

2015년 8월 7일 발행
2015년 8월 14일 1 쇄

지 은 이/**김 영 호**
펴 낸 이/**윤 현 호**
펴 낸 곳/**뿌리출판사**
홈페이지/**www.rootgo.com**
E-mail / bp1115@naver.com / root1115@daum.net
주 소/서울시 성동구 연무장 17길 14 대군인더스타운 802호 우편번호/133-831
전 화/(代)2247-1115, 466-4516, 팩 스/466-4517
출판등록/서울시 등록(카) 제 1-551호 1987.11.23

정가/13,000원
ISBN 978-89-85622-93-6-03810